Was hat Theodor Storm (1817–1888) auf eine die kulturellen und weltanschaulich-politischen Grenzen seltsam leicht überspringende Weise über Jahrzehnte hinweg zum populärsten und meistgelesenen deutschen Autor des ausgehenden 19. Jahrhunderts werden lassen? Wie kommt es, daß in den ersten 20 Jahren der Nachkriegszeit in Deutschland über zehn Millionen Bände – viele davon als Schullektüre – ihre Verbreitung fanden?

Gewiß wird die in Storms Gedichten und Erzählungen begegnende ›heile Welt‹, in der Tugenden wie Ehrfurcht, Pflicht, aufopfernde Liebe, Stolz und Redlichkeit in Geltung sind und wo jedermann auf eine geradezu selbstverständlich scheinende Weise empfindet, was zu tun und was zu lassen ist, dazu beigetragen haben und jetzt wieder dazu beitragen. Doch in den letzten Jahren ist deutlich geworden, daß Weltläufigkeit des Sujets noch nicht dazu führt, Geschichte auf ihren verborgenen Nenner zu bringen und daß bei Storm keineswegs eine erschlichene Harmonie hergestellt sein will. Hinter den Schlußzeilen des Gedichtes *Abseits*: »Kein Klang der aufgeregten Zeit drang noch in diese Einsamkeit« wird ein Autor sichtbar, der seine Gegenwart als ›aufgeregte Zeit‹ genau kennt und seine Gedichte der bereits mächtig gewordenen Bedrohung der ›so poetischen Idylle‹ abgewinnt. Nicht naiv-nostalgische Sehnsucht nach einem ursprünglich Gewesenen macht Storms Lyrik wieder lesbar, wohl aber der inzwischen schmerzlich geschärfte Sinn für die humane Potenz solcher irreversibel verlorenen Unmittelbarkeit zur Natur.

insel taschenbuch 731
Theodor Storm
Gedichte

Theodor Storm
Gesammelte Werke

IN SECHS BÄNDEN
BAND 1
HERAUSGEGEBEN VON
GOTTFRIED HONNEFELDER
INSEL VERLAG

Theodor Storm
Gedichte

INSEL VERLAG

Die Texte dieser Ausgabe folgen der 1975 im
Insel Verlag erschienenen Ausgabe der Werke Storms.
Titelbild: Radierung von A. Eckener.
Mit freundlicher Genehmigung
des Theodor-Storm-Archivs in Husum.

insel taschenbuch 731
Erste Auflage 1983
© Insel Verlag Frankfurt am Main 1983
Alle Rechte vorbehalten, insbesondere das
der Übersetzung, des öffentlichen Vortrags sowie
der Übertragung durch Rundfunk und Fernsehen,
auch einzelner Teile.
Kein Teil des Werkes darf in irgendeiner Form
(durch Fotografie, Mikrofilm oder andere Verfahren)
ohne schriftliche Genehmigung des Verlages reproduziert
oder unter Verwendung elektronischer Systeme verarbeitet,
vervielfältigt oder verbreitet werden.
Vertrieb durch den Suhrkamp Taschenbuch Verlag
Umschlag nach Entwürfen von Willy Fleckhaus
Druck: Druckhaus Nomos, Sinzheim
Printed in Germany
ISBN 3-458-32431-3

11 12 13 14 15 16 – 11 10 09 08 07 06

GEDICHTE
ERSTER TEIL

Erstes Buch

OKTOBERLIED

Der Nebel steigt, es fällt das Laub;
Schenk ein den Wein, den holden!
Wir wollen uns den grauen Tag
Vergolden, ja vergolden!

Und geht es draußen noch so toll,
Unchristlich oder christlich,
Ist doch die Welt, die schöne Welt,
So gänzlich unverwüstlich!

Und wimmert auch einmal das Herz –
Stoß an und laß es klingen!
Wir wissen's doch, ein rechtes Herz
Ist gar nicht umzubringen.

Der Nebel steigt, es fällt das Laub;
Schenk ein den Wein, den holden!
Wir wollen uns den grauen Tag
Vergolden, ja vergolden!

Wohl ist es Herbst; doch warte nur,
Doch warte nur ein Weilchen!
Der Frühling kommt, der Himmel lacht,
Es steht die Welt in Veilchen.

Die blauen Tage brechen an,
Und ehe sie verfließen,
Wir wollen sie, mein wackrer Feund,
Genießen, ja genießen!

ABSEITS

Es ist so still; die Heide liegt
Im warmen Mittagssonnenstrahle,
Ein rosenroter Schimmer fliegt
Um ihre alten Gräbermale;
Die Kräuter blühn; der Heideduft
Steigt in die blaue Sommerluft.

Laufkäfer hasten durchs Gesträuch
In ihren goldnen Panzerröckchen,
Die Bienen hängen Zweig um Zweig
Sich an der Edelheide Glöckchen,
Die Vögel schwirren aus dem Kraut –
Die Luft ist voller Lerchenlaut.

Ein halbverfallen niedrig Haus
Steht einsam hier und sonnbeschienen;
Der Kätner lehnt zur Tür hinaus,
Behaglich blinzelnd nach den Bienen;
Sein Junge auf dem Stein davor
Schnitzt Pfeifen sich aus Kälberrohr.

Kaum zittert durch die Mittagsruh
Ein Schlag der Dorfuhr, der entfernten;
Dem Alten fällt die Wimper zu,
Er träumt von seinen Honigernten.
– Kein Klang der aufgeregten Zeit
Drang noch in diese Einsamkeit.

WEIHNACHTSLIED

Vom Himmel in die tiefsten Klüfte
Ein milder Stern herniederlacht;
Vom Tannenwalde steigen Düfte
Und hauchen durch die Winterlüfte,
Und kerzenhelle wird die Nacht.

Mir ist. das Herz so froh erschrocken,
Das ist die liebe Weihnachtszeit!
Ich höre fernher Kirchenglocken
Mich lieblich heimatlich verlocken
In märchenstille Herrlichkeit.

Ein frommer Zauber hält mich wieder,
Anbetend, staunend muß ich stehn;
Es sinkt auf meine Augenlider
Ein goldner Kindertraum hernieder,
Ich fühl's, ein Wunder ist geschehn.

SOMMERMITTAG

Nun ist es still um Hof und Scheuer,
Und in der Mühle ruht der Stein;
Der Birnenbaum mit blanken Blättern
Steht regungslos im Sonnenschein.

Die Bienen summen so verschlafen;
Und in der offnen Bodenluk',
Benebelt von dem Duft des Heues,
Im grauen Röcklein nickt der Puk.

Der Müller schnarcht und das Gesinde,
Und nur die Tochter wacht im Haus;
Die lachet still und zieht sich heimlich
Fürsichtig die Pantoffeln aus.

Sie geht und weckt den Müllerburschen,
Der kaum den schweren Augen traut:
»Nun küsse mich, verliebter Junge;
Doch sauber, sauber! nicht zu laut.«

DIE STADT

Am grauen Strand, am grauen Meer
Und seitab liegt die Stadt;
Der Nebel drückt die Dächer schwer,
Und durch die Stille braust das Meer
Eintönig um die Stadt.

Es rauscht kein Wald, es schlägt im Mai
Kein Vogel ohn Unterlaß;
Die Wandergans mit hartem Schrei
nur fliegt in Herbstesnacht vorbei,
Am Strande weht das Gras.

Doch hängt mein ganzes Herz an dir,
Du graue Stadt am Meer;
Der Jugend Zauber für und für
Ruht lächelnd doch auf dir, auf dir,
Du graue Stadt am Meer.

MEERESSTRAND

Ans Haff nun fliegt die Möwe,
Und Dämmrung bricht herein;
Über die feuchten Watten
Spiegelt der Abendschein.

Graues Geflügel huschet
Neben dem Wasser her;
Wie Träume liegen die Inseln
Im Nebel auf dem Meer.

Ich höre des gärenden Schlammes
Geheimnisvollen Ton,
Einsames Vogelrufen –
So war es immer schon.

Noch einmal schauert leise
Und schweiget dann der Wind;
Vernehmlich werden die Stimmen,
Die über der Tiefe sind.

IM WALDE

Hier an der Bergeshalde
Verstummet ganz der Wind;
Die Zweige hängen nieder,
Darunter sitzt das Kind.

Sie sitzt in Thymiane,
Sie sitzt in lauter Duft;
Die blauen Fliegen summen
Und blitzen durch die Luft.

Es steht der Wald so schweigend,
Sie schaut so klug darein;
Um ihre braunen Locken
Hinfließt der Sonnenschein.

Der Kuckuck lacht von ferne,
Es geht mir durch den Sinn:
Sie hat die goldnen Augen
Der Waldeskönigin.

ELISABETH

Meine Mutter hat's gewollt,
Den andern ich nehmen sollt;

Was ich zuvor besessen,
Mein Herz sollt es vergessen;
Das hat es nicht gewollt.

Meine Mutter klag ich an,
Sie hat nicht wohlgetan;
Was sonst in Ehren stünde,
Nun ist es worden Sünde.
Was fang ich an?

Für all mein Stolz und Freud
Gewonnen hab ich Leid.
Ach, wär das nicht geschehen,
Ach, könnt ich betteln gehen
Über die braune Heid!

LIED DES HARFENMÄDCHENS

Heute, nur heute
Bin ich so schön;
Morgen, ach morgen
Muß alles vergehn!

Nur diese Stunde
Bist du noch mein;
Sterben, ach sterben
Soll ich allein.

DIE NACHTIGALL

Das macht, es hat die Nachtigall
Die ganze Nacht gesungen;
Da sind von ihrem süßen Schall,
Da sind in Hall und Widerhall
Die Rosen aufgesprungen.

Sie war doch sonst ein wildes Kind;
Nun geht sie tief in Sinnen,
Trägt in der Hand den Sommerhut
Und duldet still der Sonne Glut
Und weiß nicht, was beginnen.

Das macht, es hat die Nachtigall
Die ganze Nacht gesungen;
Da sind von ihrem süßen Schall,
Da sind in Hall und Widerhall
Die Rosen aufgesprungen.

IM VOLKSTON

1

Als ich dich kaum gesehn,
Mußt es mein Herz gestehn,
Ich könnt dir nimmermehr
Vorübergehn.

Fällt nun der Sternenschein
Nachts in mein Kämmerlein,
Lieg ich und schlafe nicht
Und denke dein.

Ist doch die Seele mein
So ganz geworden dein,
Zittert in deiner Hand,
Tu ihr kein Leid!

2

Einen Brief soll ich schreiben
Meinem Schatz in der Fern;
Sie hat mich gebeten,
Sie hätt's gar zu gern.

Da lauf ich zum Krämer,
Kauf Tint' und Papier
Und schneid mir ein' Feder,
Und sitz nun dahier.

Als wir noch mitsammen
Uns lustig gemacht,
Da haben wir nimmer
Ans Schreiben gedacht.

Was hilft mir nun Feder
Und Tint' und Papier!
Du weißt, die Gedanken
Sind allzeit bei dir.

REGINE

Und webte auch auf jenen Matten
Noch jene Mondesmärchenpracht,
Und stünd sie noch im Waldeschatten
Inmitten jener Sommernacht;
Und fänd ich selber wie im Traume
Den Weg zurück durch Moor und Feld,
Sie schritte doch vom Waldesaume
Niemals hinunter in die Welt.

EIN GRÜNES BLATT

Ein Blatt aus sommerlichen Tagen,
Ich nahm es so im Wandern mit,
Auf daß es einst mir möge sagen,
Wie laut die Nachtigall geschlagen,
Wie grün der Wald, den ich durchschritt.

WEISSE ROSEN

1

Du bissest die zarten Lippen wund,
Das Blut ist danach geflossen;
Du hast es gewollt, ich weiß es wohl,
Weil einst mein Mund sie verschlossen.

Entfärben ließt du dein blondes Haar
In Sonnenbrand und Regen;
Du hast es gewollt, weil meine Hand
Liebkosend darauf gelegen.

Du stehst am Herd in Flammen und Rauch,
Daß die feinen Hände dir sprangen;
Du hast es gewollt, ich weiß es wohl,
Weil mein Auge daran gehangen.

2

Du gehst an meiner Seite hin
Und achtest meiner nicht;
Nun schmerzt mich deine weiße Hand,
Dein süßes Angesicht.

O sprich wie sonst ein liebes Wort,
Ein einzig Wort mir zu!
Die Wunden bluten heimlich fort,
Auch du hast keine Ruh.

Der Mund, der jetzt zu meiner Qual
Sich stumm vor mir verschließt,
Ich hab ihn ja so tausendmal,
Vieltausendmal geküßt.

Was einst so überselig war,
Bricht nun das Herz entzwei;
Das Aug, das meine Seele trank,
Sieht fremd an mir vorbei.

3

So dunkel sind die Straßen,
So herbstlich geht der Wind;
Leb wohl, meine weiße Rose,
Mein Herz, mein Weib, mein Kind!

So schweigend steht der Garten,
Ich wandre weit hinaus;
Er wird dir nicht verraten,
Daß ich nimmer kehr nach Haus.

Der Weg ist gar so einsam,
Es reist ja niemand mit;
Die Wolken nur am Himmel
Halten gleichen Schritt.

Ich bin so müd zum Sterben;
Drum blieb' ich gern zu Haus
Und schliefe gern das Leben
Und Lust und Leiden aus.

LOSE

Der einst er seine junge
Sonnige Liebe gebracht,
Die hat ihn gehen heißen,
Nicht weiter sein gedacht.

Drauf hat er heimgeführet
Ein Mädchen still und hold;
Die hat aus allen Menschen
Nur einzig ihn gewollt.

Und ob sein Herz in Liebe
Niemals für sie gebebt,
Sie hat um ihn gelitten
Und nur für ihn gelebt.

NOCH EINMAL!

Noch einmal fällt in meinen Schoß
Die rote Rose Leidenschaft;
Noch einmal hab ich schwärmerisch
In Mädchenaugen mich vergafft;
Noch einmal legt ein junges Herz
An meines seinen starken Schlag;
Noch einmal weht an meine Stirn
Ein juniheißer Sommertag.

DIE STUNDE SCHLUG

Die Stunde schlug, und deine Hand
Liegt zitternd in der meinen,
An meine Lippen streiften schon
Mit scheuem Druck die deinen.

Es zuckten aus dem vollen Kelch
Elektrisch schon die Funken;
O fasse Mut, und fliehe nicht,
Bevor wir ganz getrunken!

Die Lippen, die mich so berührt,
Sind nicht mehr deine eignen;
Sie können doch, solang du lebst,
Die meinen nicht verleugnen.

Die Lippen, die sich so berührt,
Sind rettungslos gefangen;
Spät oder früh, sie müssen doch
Sich tödlich heimverlangen.

ABENDS

Warum duften die Levkojen soviel schöner bei der Nacht?
Warum brennen deine Lippen soviel röter bei der Nacht?
Warum ist in meinem Herzen so die Sehnsucht auferwacht,
Diese brennend roten Lippen dir zu küssen bei der Nacht?

WOHL FÜHL ICH, WIE DAS LEBEN RINNT

Wohl fühl ich, wie das Leben rinnt
Und daß ich endlich scheiden muß,
Daß endlich doch das letzte Lied
Und endlich kommt der letzte Kuß.

Noch häng ich fest an deinem Mund
In schmerzlich bangender Begier;
Du gibst der Jugend letzten Kuß,
Die letzte Rose gibst du mir.

Du schenkst aus jenem Zauberkelch
Den letzten goldnen Trunk mir ein;
Du bist aus jener Märchenwelt
Mein allerletzter Abendschein.

Am Himmel steht der letzte Stern,
O halte nicht dein Herz zurück;
Zu deinen Füßen sink ich hin,
O fühl's, du bist mein letztes Glück!

Laß einmal noch durch meine Brust
Des vollsten Lebens Schauer wehn,
Eh seufzend in die große Nacht
Auch meine Sterne untergehn.

HYAZINTHEN

Fern hallt Musik; doch hier ist stille Nacht,
Mit Schlummerduft anhauchen mich die Pflanzen.
Ich habe immer, immer dein gedacht;
Ich möchte schlafen, aber du mußt tanzen.

Es hört nicht auf, es rast ohn Unterlaß;
Die Kerzen brennen und die Geigen schreien,
Es teilen und es schließen sich die Reihen,
Und alle glühen; aber du bist blaß.

Und du mußt tanzen; fremde Arme schmiegen
Sich an dein Herz; o leide nicht Gewalt!
Ich seh dein weißes Kleid vorüberfliegen
Und deine leichte, zärtliche Gestalt. – –

Und süßer strömend quillt der Duft der Nacht
Und träumerischer aus dem Kelch der Pflanzen.
Ich habe immer, immer dein gedacht;
Ich möchte schlafen, aber du mußt tanzen.

DU WILLST ES NICHT IN WORTEN SAGEN

Du willst es nicht in Worten sagen;
Doch legst du's brennend Mund auf Mund,
Und deiner Pulse tiefes Schlagen
Tut liebliches Geheimnis kund.

Du fliehst vor mir, du scheue Taube,
Und drückst dich fest an meine Brust;
Du bist der Liebe schon zum Raube
Und bist dir kaum des Worts bewußt.

Du biegst den schlanken Leib mir ferne,
Indes dein roter Mund mich küßt;
Behalten möchtest du dich gerne,
Da du doch ganz verloren bist.

Du fühlst, wir können nicht verzichten;
Warum zu geben scheust du noch?
Du mußt die ganze Schuld entrichten,
Du mußt, gewiß, du mußt es doch.

In Sehnen halb und halb in Bangen,
Am Ende rinnt die Schale voll;
Die holde Scham ist nur empfangen,
Daß sie in Liebe sterben soll.

DÄMMERSTUNDE

Im Sessel du, und ich zu deinen Füßen –
Das Haupt zu dir gewendet, saßen wir;
Und sanfter fühlten wir die Stunden fließen,
Und stiller ward es zwischen mir und dir;
Bis unsre Augen ineinandersanken
Und wir berauscht der Seele Atem tranken.

FRAUENHAND

Ich weiß es wohl, kein klagend Wort
Wird über deine Lippen gehen;
Doch, was so sanft dein Mund verschweigt,
Muß deine blasse Hand gestehen.

Die Hand, an der mein Auge hängt,
Zeigt jenen feinen Zug der Schmerzen,
Und daß in schlummerloser Nacht
Sie lag auf einem kranken Herzen.

DIE ZEIT IST HIN

Die Zeit ist hin; du löst dich unbewußt
Und leise mehr und mehr von meiner Brust;
Ich suche dich mit sanftem Druck zu fassen,
Doch fühl ich wohl, ich muß dich gehen lassen.

So laß mich denn, bevor du weit von mir
Im Leben gehst, noch einmal danken dir;
Und magst du nie, was rettungslos vergangen,
In schlummerlosen Nächten heimverlangen.

Hier steh ich nun und schaue bang zurück;
Vorüber rinnt auch dieser Augenblick,
Und wieviel Stunden dir und mir gegeben,
Wir werden keine mehr zusammen leben.

WOHL RIEF ICH SANFT DICH AN MEIN HERZ

Wohl rief ich sanft dich an mein Herz,
Doch blieben meine Arme leer;
Der Stimme Zauber, der du sonst
Nie widerstandest, galt nicht mehr.

Was jetzt dein Leben füllen wird,
Wohin du gehst, wohin du irrst,
Ich weiß es nicht; ich weiß allein,
Daß du mir nie mehr lächeln wirst.

Doch kommt erst jene stille Zeit,
Wo uns das Leben läßt allein,
Dann wird, wie in der Jugend einst,
Nur meine Liebe bei dir sein.

Dann wird, was jetzt geschehen mag,
Wie Schatten dir vorübergehn,
Und nur die Zeit, die nun dahin,
Die uns gehörte, wird bestehn.

Und wenn dein letztes Kissen einst
Beglänzt ein Abendsonnenstrahl,
Es ist die Sonne jenes Tags,
Da ich dich küßte zum erstenmal.

DU SCHLÄFST

Du schläfst – so will ich leise flehen:
O schlafe sanft! und leise will ich gehen,
Daß dich nicht störe meiner Tritte Gang,
Daß du nicht hörest meiner Stimme Klang.

EIN GRAB SCHON WEISET MANCHE STELLE

Ein Grab schon weiset manche Stelle,
Und manches liegt in Traum und Duft;
Nun sprudle, frische Lebensquelle,
Und rausche über Grab und Kluft!

GESCHWISTERBLUT

I

Sie saßen sich genüber bang
Und sahen sich an in Schmerzen;
Oh, lägen sie in tiefster Gruft
Und lägen Herz an Herzen! –

Sie sprach: »Daß wir beisammen sind,
Mein Bruder, will nicht taugen!«
Er sah ihr in die Augen tief:
»O süße Schwesteraugen!«

Sie faßte flehend seine Hand
Und rief: »O denk der Sünde!«
Er sprach: »O süßes Schwesterblut,
Was läufst du so geschwinde!«

Er zog die schmalen Fingerlein
An seinen Mund zur Stelle;
Sie rief: »Oh, hilf mir, Herre Christ,
Er zieht mich nach der Hölle!«

Der Bruder hielt ihr zu den Mund;
Er rief nach seinen Knappen.
Nun rüsteten sie Reisezeug,
Nun zäumten sie die Rappen.

Er sprach: »Daß ich dein Bruder sei,
Nicht länger will ich's tragen;
Nicht länger will ich drum im Grab
Vater und Mutter verklagen.

Zu lösen vermag der Papst Urban,
Er mag uns lösen und binden!
Und säß er an Sankt Peters Hand,
Den Brautring muß ich finden.«

Er ritt dahin; die Träne rann
Von ihrem Angesichte;
Der Stuhl, wo er gesessen, stand
Im Abendsonnenlichte.

Sie stieg hinab durch Hof und Hall'
Zu der Kapelle Stufen:
»Weh mir, ich hör im Grabe tief
Vater und Mutter rufen!«

Sie stieg hinauf ins Kämmerlein;
Das stand in Dämmernissen.
Ach, nächtens schlug die Nachtigall;
Da saß sie wach im Kissen.

Da fuhr ihr Herz dem Liebsten nach
Allüberall auf Erden;
Sie streckte weit die Arme aus:
»Unselig muß ich werden!

2

Schon war mit seinem Rosenkranz
Der Sommer fortgezogen;
Es hatte sich die Nachtigall
In weiter Welt verflogen.

Im Erker saß ein blasses Weib
Und schaute auf die Fliesen;
So stille war's: kein Tritt erscholl,
Kein Hornruf über die Wiesen.

Der Abendschein alleine ging
Vergoldend durch die Halle;
Da öffneten die Tore sich
Geräuschlos, ohne Schalle.

Da stand an seiner Schwelle Rand
Ein Mann in Harm gebrochen;
Der sah sie toten Auges an,
Kein Wort hat er gesprochen.

Es lag auf ihren Lidern schwer,
Sie schlug sie auf mit Mühen;
Sie sprang empor, sie schrie so laut,
Wie noch kein Herz geschrieen.

Doch als er sprach: »Es reicht kein Ring
Um Schwester- und Bruderhände!«
Um stürzte sie den Marmortisch
Und schritt an Saales Ende.

Sie warf in seine Arme sich;
Doch war sie bleich zum Sterben.
Er sprach: »So ist die Stunde da,
Daß beide wir verderben.«

Die Schwester von dem Nacken sein
Löste die zarten Hände:
»Wir wollen zu Vater und Mutter gehn;
Da hat das Leid ein Ende.«

MONDLICHT

Wie liegt im Mondenlichte
Begraben nun die Welt;
Wie selig ist der Friede,
Der sie umfangen hält!

Die Winde müssen schweigen,
So sanft ist dieser Schein;
Sie säuseln nur und weben
Und schlafen endlich ein.

Und was in Tagesgluten
Zur Blüte nicht erwacht,
Es öffnet seine Kelche
Und duftet in die Nacht.

Wie bin ich solchen Friedens
Seit lange nicht gewohnt!
Sei du in meinem Leben
Der liebevolle Mond!

LUCIE

Ich seh sie noch, ihr Büchlein in der Hand,
Nach jener Bank dort an der Gartenwand
Vom Spiel der andern Kinder sich entfernen;
Sie wußte wohl, es mühte sie das Lernen.

Nicht war sie klug, nicht schön; mir aber war
Ihr blaß Gesichtchen und ihr blondes Haar,
Mir war es lieb; aus der Erinnrung Düster
Schaut es mich an; wir waren recht Geschwister.

Ihr schmales Bettchen teilte sie mit mir,
Und nächtens Wang an Wange schliefen wir;
Das war so schön! Noch weht ein Kinderfrieden
Mich an aus jenen Zeiten, die geschieden.

Ein Ende kam; – ein Tag, sie wurde krank
Und lag im Fieber viele Wochen lang;
Ein Morgen dann, wo sanft die Winde gingen,
Da ging sie heim; es blühten die Syringen.

Die Sonne schien; ich lief ins Feld hinaus
Und weinte laut; dann kam ich still nach Haus.
Wohl zwanzig Jahr und drüber sind vergangen –
An wieviel anderm hat mein Herz gehangen!

Was hab ich heute denn nach dir gebangt?
Bist du mir nah und hast nach mir verlangt?
Willst du, wie einst nach unsern Kinderspielen,
Mein Knabenhaupt an deinem Herzen fühlen?

EINER TOTEN

1

Du glaubtest nicht an frohe Tage mehr,
Verjährtes Leid ließ nimmer dich genesen;
Die Mutterfreude war für dich zu schwer,
Das Leben war dir gar zu hart gewesen. –

Er saß bei dir in letzter Liebespflicht;
Noch eine Nacht, noch eine war gegeben!
Auch die verrann; dann kam das Morgenlicht.
»Mein guter Mann, wie gerne wollt ich leben!«

Er hörte still die sanften Worte an,
Wie sie sein Ohr in bangen Pausen trafen:
»Sorg für das Kind – ich sterbe, süßer Mann.«
Dann halb verständlich noch: »Nun will ich schlafen.«

Und dann nichts mehr; – du wurdest nimmer wach,
Dein Auge brach, die Welt ward immer trüber;
Der Atem Gottes wehte durchs Gemach,
Dein Kind schrie auf, und dann warst du hinüber.

2

Das aber kann ich nicht ertragen,
Daß so wie sonst die Sonne lacht;
Daß wie in deinen Lebenstagen
Die Uhren gehn, die Glocken schlagen,
Einförmig wechseln Tag und Nacht;

Daß, wenn des Tages Lichter schwanden,
Wie sonst der Abend uns vereint;
Und daß, wo sonst dein Stuhl gestanden,
Schon andre ihre Plätze fanden,
Und nichts dich zu vermissen scheint;

Indessen von den Gitterstäben
Die Mondesstreifen schmal und karg
In deine Gruft hinunterweben
Und mit gespenstig trübem Leben
Hinwandeln über deinen Sarg.

EINE FREMDE

Sie saß in unserm Mädchenkreise,
Ein Stern am Frauen-Firmament;
Sie sprach in unsres Volkes Weise,
Nur leis, mit klagendem Akzent.
Du hörtest niemals heimverlangen
Den stolzen Mund der schönen Frau;
Nur auf den südlich blassen Wangen
Und über der gewölbten Brau'
Lag noch Granadas Mondenschimmer,
Den sie vertauscht um unsern Strand;
Und ihre Augen dachten immer
An ihr beglänztes Heimatland.

LEHRSATZ

Die Sonne scheint; laß ab von Liebeswerben!
Denn Liebe gleicht der scheuesten der Frauen;
Ihr eigen Antlitz schämt sie sich zu schauen,
Ein Rätsel will sie bleiben, oder sterben.
Doch wenn der Abend still herniedergleitet,
Dann naht das Reich der zärtlichen Gedanken;
Wenn Dämmrung süß verwirrend sich verbreitet
Und alle Formen ineinander schwanken,
Dann irrt die Hand, dann irrt der Mund gar leicht,
Und halb gewagt, wird alles ganz erreicht.

DIE KLEINE

Und plaudernd hing sie mir am Arm,
Sie halb erschlossen nur dem Leben;
Ich zwar nicht alt, doch aber dort,
Wo uns verläßt die Jugend eben.

Wir wandelten hinauf, hinab
Im dämmergrünen Gang der Linden;
Sie sah mich froh und leuchtend an,
Sie wußte nicht, es könne zünden;

Ihr ahnte keine Möglichkeit,
Kein Wort von so verwegnen Dingen,
Wodurch es selbst die tiefste Kluft
Verlockend wird zu überspringen.

O SÜSSES NICHTSTUN

O süßes Nichtstun, an der Liebsten Seite
Zu ruhen auf des Bergs besonnter Kuppe;
Bald abwärts zu des Städtchens Häusergruppe
Den Blick zu senden, bald in ferne Weite!

O süßes Nichtstun, lieblich so gebannt
Zu atmen in den neubefreiten Düften;
Sich locken lassen von den Frühlingslüften,
Hinabzuziehn in das beglänzte Land;
Rückkehren dann aus aller Wunderferne
In deiner Augen heimatliche Sterne.

WER JE GELEBT IN LIEBESARMEN

Wer je gelebt in Liebesarmen,
Der kann im Leben nie verarmen;
Und müßt er sterben fern, allein,
Er fühlte noch die sel'ge Stunde,
Wo er gelebt an ihrem Munde,
Und noch im Tode ist sie sein.

NUN SEI MIR HEIMLICH ZART UND LIEB

Nun sei mir heimlich zart und lieb;
Setz deinen Fuß auf meinen nun!
Mir sagt es: ich verließ die Welt,
Um ganz allein auf dir zu ruhn;

Und dir: o ließe mich die Welt,
Und könnt ich friedlich und allein,
Wie deines leichten Fußes jetzt,
So deines Lebens Träger sein!

SCHLIESSE MIR DIE AUGEN BEIDE

Schließe mir die Augen beide
Mit den lieben Händen zu!
Geht doch alles, was ich leide,
Unter deiner Hand zur Ruh.

Und wie leise sich der Schmerz
Well' um Welle schlafen leget,
Wie der letzte Schlag sich reget,
Füllest du mein ganzes Herz.

KRITIK

Hör mir nicht auf solch Geschwätze,
Liebes Herz, daß wir Poeten
Schon genug der Liebeslieder,
Ja zuviel gedichtet hätten.

Ach, es sind so kläglich wenig,
Denn ich zählte sie im stillen,
Kaum genug, dein Nadelbüchlein
Schicklich damit anzufüllen.

Lieder, die von Liebe reimen,
Kommen Tag für Tage wieder;
Doch wir zwei Verliebte sprechen:
Das sind keine Liebeslieder.

MORGENS

Nun gib ein Morgenküßchen!
Du hast genug der Ruh;
Und setz dein zierlich Füßchen
Behende in den Schuh!

Nun schüttle von der Stirne
Der Träume blasse Spur!
Das goldene Gestirne
Erleuchtet längst die Flur.

Die Rosen in deinem Garten
Sprangen im Sonnenlicht;
Sie können kaum erwarten,
Daß deine Hand sie bricht.

ZUR NACHT

Vorbei der Tag! Nun laß mich unverstellt
Genießen dieser Stunde vollen Frieden!
Nun sind wir unser; von der frechen Welt
Hat endlich uns die heilige Nacht geschieden.

Laß einmal noch, eh sich dein Auge schließt,
Der Liebe Strahl sich rückhaltlos entzünden;
Noch einmal, eh im Traum sie sich vergißt,
Mich deiner Stimme lieben Laut empfinden!

Was gibt es mehr! Der stille Knabe winkt
Zu seinem Strande lockender und lieber;
Und wie die Brust dir atmend schwellt und sinkt,
Trägt uns des Schlummers Welle sanft hinüber.

DIE KINDER

I

Abends

Auf meinem Schoße sitzet nun
Und ruht der kleine Mann;
Mich schauen aus der Dämmerung
Die zarten Augen an.

Er spielt nicht mehr, er ist bei mir,
Will nirgend anders sein;
Die kleine Seele tritt heraus
Und will zu mir herein.

2

Mein Häwelmann, mein Bursche klein,
Du bist des Hauses Sonnenschein,
Die Vögel singen, die Kinder lachen,
Wenn deine strahlenden Augen wachen.

IM HERBSTE

Es rauscht, die gelben Blätter fliegen,
Am Himmel steht ein falber Schein;
Du schauerst leis und drückst dich fester
In deines Mannes Arm hinein.

Was nun von Halm zu Halme wandelt,
Was nach den letzten Blumen greift,
Hat heimlich im Vorübergehen
Auch dein geliebtes Haupt gestreift.

Doch reißen auch die zarten Fäden,
Die warme Nacht auf Wiesen spann –
Es ist der Sommer nur, der scheidet;
Was geht denn uns der Sommer an!

Du legst die Hand an meine Stirne
Und schaust mir prüfend ins Gesicht;
Aus deinen milden Frauenaugen
Bricht gar zu melancholisch Licht.

Erlosch auch hier ein Duft, ein Schimmer,
Ein Rätsel, das dich einst bewegt,
Daß du in meine Hand gefangen
Die freie Mädchenhand gelegt?

O schaudre nicht! Ob auch unmerklich
Der schönste Sonnenschein verrann –
Es ist der Sommer nur, der scheidet;
Was geht denn uns der Sommer an!

GODE NACHT

Över de stillen Straten
Geit klar de Klokkenslag;
God Nacht! Din Hart will slapen,
Un morgen is ok en Dag.

Din Kind liggt in de Weegen,
Un ik bün ok bi di;
Din Sorgen un din Leven
Is allens um un bi.

Noch eenmal lat uns spräken:
Goden Abend, gode Nacht!
De Maand schient op de Däken,
Uns' Herrgott hölt de Wacht.

O BLEIBE TREU DEN TOTEN

O bleibe treu den Toten,
Die lebend du betrübt;
O bleibe treu den Toten,
Die lebend dich geliebt!

Sie starben; doch sie blieben
Auf Erden wesenlos,
Bis allen ihren Lieben
Der Tod die Augen schloß.

Indessen du dich herzlich
In Lebenslust versenkst,
Wie sehnen sie sich schmerzlich.
Daß ihrer du gedenkst!

Sie nahen dir in Liebe,
Allein du fühlst es nicht;
Sie schaun dich an so trübe,
Du aber siehst es nicht.

Die Brücke ist zerfallen;
Nun mühen sie sich bang,
Ein Liebeswort zu lallen,
Das nie hinüberdrang.

In ihrem Schattenleben
Quält eins sie gar zu sehr:
Ihr Herz will dir vergeben,
Ihr Mund vermag's nicht mehr.

O bleibe treu den Toten,
Die lebend du betrübt;
O bleibe treu den Toten,
Die lebend dich geliebt!

IN BÖSER STUNDE

Ein schwaches Stäbchen ist die Liebe,
Das deiner Jugend Rebe trägt,
Das wachsend bald der Baum des Lebens
Mit seinen Ästen selbst zerschlägt.

Und drängtest du mit ganzer Seele
Zu allerinnigstem Verein,
Du wirst am Ende doch, am Ende
Nur auf dir selbst gelassen sein.

UND WAR ES AUCH EIN GROSSER SCHMERZ

Und war es auch ein großer Schmerz,
Und wär's vielleicht gar eine Sünde,
Wenn es noch einmal vor dir stünde,
Du tätst es noch einmal, mein Herz.

ZWISCHENREICH

Meine ausgelaßne Kleine,
Ach, ich kenne sie nicht mehr;
Nur mit Tanten und Pastoren
Hat das liebe Herz Verkehr.

Jene süße Himmelsdemut,
Die der Sünder Hoffart schilt,
Hat das ganze Schelmenantlitz
Wie mit grauem Flor verhüllt.

Ja, die brennend roten Lippen
Predigen Entsagung euch;
Diese gar zu schwarzen Augen
Schmachten nach dem Himmelreich.

Auf die Tiziansche Venus
Ist ein Heil'genbild gemalt;
Ach, ich kenne sie nicht wieder,
Die so schön mit uns gedahlt.

Nirgends mehr für blaue Märchen
Ist ein einzig Plätzchen leer;
Nur Traktätlein und Asketen
Liegen haufenweis umher.

Wahrlich, zum Verzweifeln wär es –
Aber, Schatz, wir wissen schon,
Deinen ganzen Götzenplunder
Wirft ein einz'ger Mann vom Thron.

VOM STAATSKALENDER

I

Die Tochter spricht:

»Ach, die kleine Kaufmannstochter,
Wie das Ding sich immer putzt!
Fehlt nur, daß mit unsereinem
Sie sich noch vertraulich duzt.

Setzt sich, wo wir auch erscheinen,
Wie von selber nebenbei;
Präsidentens könnten meinen,
Daß es heiße Freundschaft sei.

Und es will sich doch nicht schicken,
Daß man so mit jeder geht,
Seit Papa im Staatskalender
In der dritten Klasse steht.

Hat Mama doch auch den Diensten
Anbefohlen klar und hell,
Fräulein hießen wir jetzunder,
Fräulein, und nicht mehr Mamsell.

Ach, ein kleines bißchen adlig,
So ein bißchen – glaub, wir sind's!
Morgen in der goldnen Kutsche
Holt uns ein verwünschter Prinz!«

2

Ein Golem

Ihr sagt, es sei ein Kämmerer,
Ein schöner Staatskalenderer;
Doch sieht denn nicht ein jeder,
Daß er genäht aus Leder?

Kommt nur der rechte Regentropf
Und wäscht die Nummer ihm vom Kopf,
So ruft gewiß ein jeder:
Herrgott, ein Kerl von Leder!

GESEGNETE MAHLZEIT

Sie haben wundervoll diniert;
Warm und behaglich rollt ihr Blut,
Voll Menschenliebe ist ihr Herz,
Sie sind der ganzen Welt so gut.

Sie schütteln zärtlich sich die Hand,
Umwandelnd den geleerten Tisch,
Und wünschen, daß gesegnet sei
Der Wein, der Braten und der Fisch.

Die Geistlichkeit, die Weltlichkeit,
Wie sie so ganz verstehen sich!
Ich glaube, Gott verzeihe mir,
Sie lieben sich herzinniglich.

VON KATZEN

Vergangnen Maitag brachte meine Katze
Zur Welt sechs allerliebst kleine Kätzchen,
Maikätzchen, alle weiß mit schwarzen Schwänzchen.
Fürwahr, es war ein zierlich Wochenbettchen!
Die Köchin aber – Köchinnen sind grausam,
Und Menschlichkeit wächst nicht in einer Küche –,
Die wollte von den sechsen fünf ertränken,
Fünf weiße, schwarzgeschwänzte Maienkätzchen
Ermorden wollte dies verruchte Weib.
Ich half ihr heim! – Der Himmel segne
Mir meine Menschlichkeit! Die lieben Kätzchen,
Sie wuchsen auf und schritten binnen kurzem
Erhobnen Schwanzes über Hof und Herd;
Ja, wie die Köchin auch ingrimmig dreinsah,
Sie wuchsen auf, und nachts vor ihrem Fenster
Probierten sie die allerliebsten Stimmchen.
Ich aber, wie ich sie so wachsen sahe,
Ich pries mich selbst und meine Menschlichkeit. –
Ein Jahr ist um, und Katzen sind die Kätzchen,
Und Maitag ist's! – Wie soll ich es beschreiben,
Das Schauspiel, das sich jetzt vor mir entfaltet!
Mein ganzes Haus, vom Keller bis zum Giebel,
Ein jeder Winkel ist ein Wochenbettchen!
Hier liegt das eine, dort das andre Kätzchen,
In Schränken, Körben, unter Tisch und Treppen,
Die Alte gar – nein, es ist unaussprechlich –
Liegt in der Köchin jungfräulichem Bette!
Und jede, jede von den sieben Katzen
Hat sieben, denkt euch! sieben junge Kätzchen,
Maikätzchen, alle weiß mit schwarzen Schwänzchen!
Die Köchin rast, ich kann der blinden Wut
Nicht Schranken setzen dieses Frauenzimmers;
Ersäufen will sie alle neunundvierzig!
Mir selber! ach, mir läuft der Kopf davon –

O Menschlichkeit, wie soll ich dich bewahren!
Was fang ich an mit sechsundfünfzig Katzen! –

ENGEL-EHE

Wie Flederwisch und Bürste sie regiert!
Glas und Gerät, es blitzt nur alles so
Und lacht und lebt! Nur, ach, sie selber nicht.
Ihr schmuck Gesicht, dem Manne ihrer Wahl,
Wenn ihre wirtschaftliche Bahn er kreuzt,
Gleich einer Maske hält sie's ihm entgegen;
Und fragt er gar, so wirft sie ihm das Wort
Als wie dem Hunde einen Knochen zu.
Denn er ist schuld an allem, was sie plagt,
Am Trotz der Mägde, an den großen Wäschen,
Am Tagesmühsal und der Nächte Wachen,
Schuld an dem schmutz'gen Pudel und den Kindern. –
Und er? – Er weiß, wenn kaum der grimme Tod
Sein unverkennbar Mal ihm aufgeprägt,
Dann wird, der doch in jedem Weibe schläft,
Der Engel auch in seinem Weib erwachen;
Ihr eigen Weh bezwingend, wird sie dann,
Was aus der Jugend Süßes ihr verblieb,
Heraufbeschwören; leuchten wird es ihm
Aus ihren Augen, lind wie Sommeratem
Wird dann ihr Wort zu seinem Herzen gehn. –
Doch wähnet nicht, daß dies ihn tröste! Nein,
Den künft'gen Engel, greulich haßt er ihn;
Er magert ab, er schlottert im Gebein,
Er wird daran ersticken jedenfalls.
Doch eh ihm ganz die Kehle zugeschnürt,
Muß er sein Weib in Himmelsglorie sehn;
Die Rede, die er brütend ausstudiert,
Womit vor seinem letzten Atemzug,
Jedwedes Wort wie Schwert, auf einen Schlag
Er alles Ungemach ihr hat vergelten wollen,

Er wird sie nimmer halten; Segensstammeln
Wird noch von seinen toten Lippen fliehn.
Das alles weiß er, und es macht ihn toll;
Er geht umher und fluchet innerlich.
Ja, manches Mal im hellsten Sonnenschein
Durchfährt es ihn, als stürz er in das Grab.
Es war sein Weib, sie sprach ein sanftes Wort;
Und zitternd blickt er auf: »Oh, Gott sei Dank,
Noch nicht, noch nicht das Engelsangesicht!«

STOSSEUFZER

Am Weihnachtsonntag kam er zu mir,
In Jack' und Schurzfell, und roch nach Bier
Und sprach zwei Stunden zu meiner Qual
Von Zinsen und von Kapital;
Ein Kerl, vor dem mich Gott bewahr!
Hat keinen Festtag im ganzen Jahr.

IN DER FRÜHE

Goldstrahlen schießen übers Dach,
Die Hähne krähn den Morgen wach;
Nun einer hier, nun einer dort,
So kräht es nun von Ort zu Ort.
Und in der Ferne stirbt der Klang –
Ich höre nichts, ich horche lang.
Ihr wackern Hähne, krähet doch!
Sie schlafen immer, immer noch.

AUS DER MARSCH

Der Ochse frißt das feine Gras
Und läßt die groben Halme stehen;
Der Bauer schreitet hinterdrein
Und fängt bedächtig an zu mähen.

Und auf dem Stall zur Winterszeit,
Wie wacker steht der Ochs zu kauen!
Was er als grünes Gras verschmäht,
Das muß er nun als Heu verdauen.

AM AKTENTISCH

Da hab ich den ganzen Tag dekretiert;
Und es hätte mich fast wie so manchen verführt:
Ich spürte das kleine dumme Vergnügen,
Was abzumachen, was fertigzukriegen.

STURMNACHT

Im Hinterhaus, im Fliesensaal
Über Urgroßmutters Tisch' und Bänke,
Über die alten Schatullen und Schränke
Wandelt der zitternde Mondenstrahl.
Vom Wald kommt der Wind
Und fährt an die Scheiben;
Und geschwind, geschwind
Schwatzt er ein Wort,
Und dann wieder fort
Zum Wald über Föhren und Eiben.

Da wird auch das alte verzauberte Holz
Da drinnen lebendig;
Wie sonst im Walde will es stolz
Die Kronen schütteln unbändig,
Mit den Ästen greifen hinaus in die Nacht,
Mit dem Sturm sich schaukeln in brausender Jagd,
Mit den Blättern in Übermut rauschen,
Beim Tanz im Flug
Durch Wolkenzug
Mit dem Mondlicht silberne Blicke tauschen.

Da müht sich der Lehnstuhl, die Arme zu recken,
Den Rokokofuß will das Kanapee strecken,
In der Kommode die Schubfächer drängen
Und wollen die rostigen Schlösser sprengen;
Der Eichschrank unter dem kleinen Troß
Steht da, ein finsterer Koloß.
Traumhaft regt er die Klauen an,
Ihm zuckt's in der verlornen Krone;
Doch bricht er nicht den schweren Bann. –
Und draußen pfeift ihm der Wind zum Hohne
Und fährt an die Läden und rüttelt mit Macht,
Bläst durch die Ritzen, grunzt und lacht,
Schmeißt die Fledermäuse, die kleinen Gespenster,
Klitschend gegen die rasselnden Fenster.
Die glupen dumm neugierig hinein –
Da drinn' steht voll der Mondenschein.

Aber droben im Haus
Im behaglichen Zimmer
Beim Sturmgebraus
Saßen und schwatzten die Alten noch immer,
Nicht hörend, wie drunten die Saaltür sprang,
Wie ein Klang war erwacht
Aus der einsamen Nacht,
Der schollernd drang
Über Trepp' und Gang,

Daß drin in der Kammer die Kinder mit Schrecken
Auffuhren und schlüpften unter die Decken.

WALDWEG

Fragment

Durch einen Nachbarsgarten ging der Weg,
Wo blaue Schlehn im tiefen Grase standen;
Dann durch die Hecke über schmalen Steg
Auf einer Wiese, die an allen Randen
Ein hoher Zaun vielfarb'gen Laubs umzog;
Buscheichen unter wilden Rosenbüschen,
Um die sich frei die Geißblattranke bog,
Brombeergewirr und Hülsendorn dazwischen;
Vorbei an Farrenkräutern wob der Eppich
Entlang des Walles seinen dunklen Teppich.
Und vorwärtsschreitend störte bald mein Tritt
Die Biene auf, die um die Distel schwärmte,
Bald hörte ich, wie durch die Gräser glitt
Die Schlange, die am Sonnenstrahl sich wärmte.
Sonst war es kirchenstill in alle Weite,
Kein Vogel hörbar; nur an meiner Seite
Sprang schnaufend ab und zu des Oheims Hund;
Denn nicht allein wär ich um solche Zeit
Gegangen zum entlegnen Waldesgrund;
Mir graute vor der Mittagseinsamkeit. –
Heiß war die Luft, und alle Winde schliefen;
Und vor mir lag ein sonnig offner Raum,
Wo quer hindurch schutzlos die Steige liefen.
Wohl hatt ich's sauer und ertrug es kaum;
Doch rascher schreitend überwand ich's bald.
Dann war ein Bach, ein Wall zu überspringen;
Dann noch ein Steg, und vor mir lag der Wald,
In dem schon herbstlich rot die Blätter hingen.
Und drüberher, hoch in der blauen Luft,
Stand beutesüchtig ein gewalt'ger Weih,

Die Flügel schlagend durch den Sonnenduft;
Tief aus der Holzung scholl des Hähers Schrei.
Herbstblätterduft und Tannenharzgeruch
Quoll mir entgegen schon auf meinem Wege,
Und dort im Walle schimmerte der Bruch,
Durch den ich meinen Pfad nahm ins Gehege.
Schon streckten dort gleich Säulen der Kapelle
Ans Laubgewölb die Tannenstämme sich;
Dann war's erreicht, und wie an Kirchenschwelle
Umschauerte die Schattenkühle mich.

EINE FRÜHLINGSNACHT

Im Zimmer drinnen ist's so schwül;
Der Kranke liegt auf dem heißen Pfühl.

Im Fieber hat er die Nacht verbracht;
Sein Herz ist müde, sein Auge verwacht.

Er lauscht auf der Stunden rinnenden Sand;
Er hält die Uhr in der weißen Hand.

Er zählt die Schläge, die sie pickt,
Er forschet, wie der Weiser rückt;

Es fragt ihn, ob er noch leb' vielleicht,
Wenn der Weiser die schwarze Drei erreicht.

Die Wartfrau sitzt geduldig dabei,
Harrend, bis alles vorüber sei. –

Schon auf dem Herzen drückt ihn der Tod;
Und draußen dämmert das Morgenrot.

An die Fenster klettert der Frühlingstag.
Mädchen und Vögel werden wach.

Die Erde lacht in Liebesschein,
Pfingstglocken läuten das Brautfest ein;

Singende Bursche ziehn übers Feld
Hinein in die blühende, klingende Welt. –

Und immer stiller wird es drin;
Die Alte tritt zum Kranken hin.

Der hat die Hände gefaltet dicht;
Sie zieht ihm das Laken übers Gesicht.

Dann geht sie fort. Stumm wird's und leer;
Und drinnen wacht kein Auge mehr.

DER ZWEIFEL

Der Glaube ist zum Ruhen gut,
Doch bringt er nicht von der Stelle;
Der Zweifel in ehrlicher Männerfaust,
Der sprengt die Pforten der Hölle.

FEBRUAR

Im Winde wehn die Lindenzweige,
Von roten Knospen übersäumt;
Die Wiegen sind's, worin der Frühling
Die schlimme Winterzeit verträumt.

MÄRZ

Und aus der Erde schauet nur
Alleine noch Schneeglöckchen;
So kalt, so kalt ist noch die Flur,
Es friert im weißen Röckchen.

APRIL

Das ist die Drossel, die da schlägt,
Der Frühling, der mein Herz bewegt;
Ich fühle, die sich hold bezeigen,
Die Geister aus der Erde steigen.
Das Leben fließet wie ein Traum –
Mir ist wie Blume, Blatt und Baum.

MAI

1

Die Kinder schreien »Vivat hoch!«
In die blaue Luft hinein;
Den Frühling setzen sie auf den Thron,
Der soll ihr König sein.

2

Die Kinder haben die Veilchen gepflückt,
All, all, die da blühten am Mühlengraben.
Der Lenz ist da; sie wollen ihn fest
In ihren kleinen Fäusten haben.

JULI

Klingt im Wind ein Wiegenlied,
Sonne warm herniedersieht,
Seine Ähren senkt das Korn,
Rote Beere schwillt am Dorn,
Schwer von Segen ist die Flur –
Junge Frau, was sinnst du nur?

AUGUST

Inserat

Die verehrlichen Jungen, welche heuer
Meine Äpfel und Birnen zu stehlen gedenken,
Ersuche ich höflichst, bei diesem Vergnügen
Wo möglich insoweit sich zu beschränken,
Daß sie daneben auf den Beeten
Mir die Wurzeln und Erbsen nicht zertreten.

IM GARTEN

Hüte, hüte den Fuß und die Hände,
Eh sie berühren das ärmste Ding!
Denn du zertrittst eine häßliche Raupe
Und tötest den schönsten Schmetterling.

KOMM, LASS UNS SPIELEN

Wie bald des Sommers holdes Fest verging!
Rauh weht der Herbst; wird's denn auch Frühling wieder?

Da fällt ein bleicher Sonnenstrahl hernieder –
Komm, laß uns spielen, weißer Schmetterling!

Ach, keine Nelke, keine Rose mehr;
Am Himmel fährt ein kalt Gewölk daher!

Weh, wie so bald des Sommers Lust verging –
O komm! Wo bist du, weißer Schmetterling?

HERBST

1

Schon ins Land der Pyramiden
Flohn die Störche übers Meer;
Schwalbenflug ist längst geschieden,
Auch die Lerche singt nicht mehr.

Seufzend in geheimer Klage
Streift der Wind das letzte Grün;
Und die süßen Sommertage,
Ach, sie sind dahin, dahin!

Nebel hat den Wald verschlungen,
Der dein stillstes Glück gesehn;
Ganz in Duft und Dämmerungen
Will die schöne Welt vergehn.

Nur noch einmal bricht die Sonne
Unaufhaltsam durch den Duft,
Und ein Strahl der alten Wonne
Rieselt über Tal und Kluft.

Und es leuchten Wald und Heide,
Daß man sicher glauben mag,
Hinter allem Winterleide
Lieg' ein ferner Frühlingstag.

2

Die Sense rauscht, die Ähre fällt,
Die Tiere räumen scheu das Feld,
Der Mensch begehrt die ganze Welt.

3

Und sind die Blumen abgeblüht,
So brecht der Äpfel goldne Bälle;

Hin ist die Zeit der Schwärmerei,
So schätzt nun endlich das Reelle!

HINTER DEN TANNEN

Sonnenschein auf grünem Rasen,
Krokus drinnen blau und blaß;
Und zwei Mädchenhände tauchen
Blumen pflückend in das Gras.

Und ein Junge kniet daneben,
Gar ein übermütig Blut,
Und sie schaun sich an und lachen –
O wie kenn ich sie so gut!

Hinter jenen Tannen war es,
Jene Wiese schließt es ein –
Schöne Zeit der Blumensträuße,
Stiller Sommersonnenschein!

VOR TAG

I

Wir harren nicht mehr ahnungsvoll
Wie sonst auf blaue Märchenwunder;
Wie sich das Buch entwickeln soll,
Wir wissen's ganz genau jetzunder.

Wir blätterten schon hin und her
– Denn ruchlos wurden unsre Hände –,
Und auf der letzten Seite sahn
Wir schon das schlimme Wörtlein Ende.

2

Und geht es noch so rüstig
Hin über Stein und Steg,
Es ist eine Stelle im Wege,
Du kommst darüber nicht weg.

3

Schlug erst die Stunde, wo auf Erden
Dein holdes Bildnis sich verlor,
Dann wirst du niemals wieder werden,
So wie du niemals warst zuvor.

4

Da diese Augen nun in Staub vergehen,
So weiß ich nicht, wie wir uns wiedersehen.

ZUR TAUFE

Ein Gutachten

Bedenk es wohl, eh du sie taufst!
Bedeutsam sind die Namen;
Und fasse mir dein liebes Bild
Nun in den rechten Rahmen.
Denn ob der Nam' den Menschen macht,
Ob sich der Mensch den Namen,
Das ist, weshalb mir oft, mein Freund,
Bescheidne Zweifel kamen;
Eins aber weiß ich ganz gewiß:
Bedeutsam sind die Namen!
So schickt für Mädchen Lisbeth sich,
Elisabeth für Damen;
Auch fing sich oft ein Freier schon,
Dem Fischlein gleich am Hamen,
An einem ambraduftigen,
Klanghaften Mädchennamen.

MORGANE

An regentrüben Sommertagen,
Wenn Luft und Flut zusammenragen
Und ohne Regung schläft die See,
Dann steht an unserm grauen Strande
Das Wunder aus dem Morgenlande,
Morgane, die berufne Fee.

Arglistig halb und halb von Sinne,
Verschmachtend nach dem Kelch der Minne,
Der stets an ihrem Mund versiegt,
Umgaukelt sie des Wandrers Pfade
Und lockt ihn an ein Scheingestade,
Das in des Todes Reichen liegt.

Von ihrem Zauberspiel geblendet,
Ruht manches Haupt in Nacht gewendet,
Begraben in der Wüste Schlucht;
Denn ihre Liebe ist Verderben,
Ihr Hauch ist Gift, ihr Kuß ist Sterben,
Die schönen Augen sind verflucht.

So steht sie jetzt im hohen Norden
An unsres Meeres dunklen Borden,
So schreibt sie fingernd in den Dunst;
Und quellend aus den luft'gen Spuren
Erstehn in dämmernden Konturen
Die Bilder ihrer argen Kunst.

Doch hebt sich nicht wie dort im Süden
Auf rosigen Karyatiden
Ein Wundermärchenschloß ins Blau;
Nur einer Hauberg graues Bildnis
Schwimmt einsam in der Nebelwildnis,
Und keinen lockt der Hexenbau.

Bald wechselt sie die dunkle Küste
Mit Libyens sonnengelber Wüste
Und mit der Tropenwälder Duft;
Dann bläst sie lachend durch die Hände,
Dann schwankt das Haus, und Fach und Wände
Verrinnen quirlend in die Luft.

OSTERN

Es war daheim auf unserm Meeresdeich;
Ich ließ den Blick am Horizonte gleiten,
Zu mir herüber scholl verheißungsreich
Mit vollem Klang das Osterglockenläuten.

Wie brennend Silber funkelte das Meer,
Die Inseln schwammen auf dem hohen Spiegel,
Die Möwen schossen blendend hin und her,
Eintauchend in die Flut die weißen Flügel.

Im tiefen Kooge bis zum Deichesrand
War sammetgrün die Wiese aufgegangen;
Der Frühling zog prophetisch über Land,
Die Lerchen jauchzten und die Knospen sprangen. –

Entfesselt ist die urgewalt'ge Kraft,
Die Erde quillt, die jungen Säfte tropfen,
Und alles treibt, und alles webt und schafft,
Des Lebens vollste Pulse hör ich klopfen.

Der Flut entsteigt der frische Meeresduft;
Vom Himmel strömt die goldne Sonnenfülle;
Der Frühlingswind geht klingend durch die Luft
Und sprengt im Flug des Schlummers letzte Hülle.

O wehe fort, bis jede Knospe bricht,
Daß endlich uns ein ganzer Sommer werde;

Entfalte dich, du gottgebornes Licht,
Und wanke nicht, du feste Heimaterde! –

Hier stand ich oft, wenn in Novembernacht
Aufgor das Meer zu gischtbestäubten Hügeln,
Wenn in den Lüften war der Sturm erwacht,
Die Deiche peitschend mit den Geierflügeln.

Und jauchzend ließ ich an der festen Wehr
Den Wellenschlag die grimmen Zähne reiben;
Denn machtlos, zischend schoß zurück das Meer –
Das Land ist unser, unser soll es bleiben!

NACH REISEGESPRÄCHEN

Vorwärts lieber laß uns schreiten
Durch die deutschen Nebelschichten,
Als auf alten Träumen reiten
Und auf römischen Berichten!
Denn mir ist, als säh ich endlich
Unter uns ein Bild entfalten;
Dunkel erst, doch bald verständlich
Sich erheben die Gestalten;
Hauf an Haufen im Getümmel,
Nun zerrissen, nun zusammen;
An dem grauverhangnen Himmel
Zuckt es wie von tausend Flammen.
Hört ihr, wie die Büchsen knallen?
Wutgeschrei durchfegt die Lüfte;
Und die weißen Nebel wallen,
Und die Brüder stehn und fallen –
Hoher Tag und tiefe Grüfte!

IM HERBSTE 1850

Und schauen auch von Turm und Tore
Der Feinde Wappen jetzt herab,
Und rissen sie die Trikolore
Mit wüster Faust von Kreuz und Grab;

Und müßten wir nach diesen Tagen
Von Herd und Heimat bettelnd gehn –
Wir wollen's nicht zu laut beklagen;
Mag, was da muß, mit uns geschehn!

Und wenn wir hülfelos verderben,
Wo keiner unsre Schmerzen kennt,
Wir lassen unsern spätsten Erben
Ein treu besiegelt Testament;

Denn kommen wird das frische Werde,
Das auch bei uns die Nacht besiegt,
Der Tag, wo diese deutsche Erde
Im Ring des großen Reiches liegt.

Ein Wehe nur und eine Schande
Wird bleiben, wenn die Nacht verschwand:
Daß in dem eignen Heimatlande
Der Feind die Bundeshelfer fand;

Daß uns von unsern eignen Brüdern
Der bittre Stoß zum Herzen drang,
Die einst mit deutschen Wiegenliedern
Die Mutter in den Schlummer sang;

Die einst von deutscher Frauen Munde
Der Liebe holden Laut getauscht,
Die in des Vaters Sterbestunde
Mit Schmerz auf deutsches Wort gelauscht.

Nicht viele sind's und leicht zu kennen –
O haltet ein! Ihr dürft sie nicht
In Mitleid noch im Zorne nennen,
Nicht in Geschichte noch Gedicht.

Laßt sie, wenn frei die Herzen klopfen,
Vergessen und verschollen sein,
Und mischet nicht die Wermutstropfen
In den bekränzten deutschen Wein!

GRÄBER AN DER KÜSTE

Mit Kränzen haben wir das Grab geschmückt,
Die stille Wiege unsrer jungen Toten;
Den grünsten Efeu haben wir gepflückt,
Die spätsten Astern, die das Jahr geboten.

Hier ruhn sie waffenlos in ihrer Gruft,
Die man hinaustrug aus dem Pulverdampfe;
Vom Strand herüber weht der Meeresduft,
Die Schläfer kühlend nach dem heißen Kampfe.

Es steigt die Flut; vom Ring des Deiches her
Im Abendschein entbrennt der Wasserspiegel;
Ihr schlafet schön! Das heimatliche Meer
Wirft seinen Glanz auf euren dunklen Hügel.

Und rissen sie die Farben auch herab,
Für die so jung ihr ginget zu den Bleichen,
Oh, schlafet ruhig! Denn von Grab zu Grab
Wehn um euch her der Feinde Wappenzeichen.

Nicht euch zum Ruhme sind sie aufgesteckt;
Doch künden sie, daß eure Kugeln trafen,
Daß, als ihr euch zur ew'gen Ruh gestreckt,
Den Feind ihr zwanget, neben euch zu schlafen.

Ihr aber, denen ohne Trommelschlag
Durch Feindeshand bereitet ward der Rasen,
Hört dieses Lied! und harret auf den Tag,
Daß unsre Reiter hier Reveille blasen! –

Doch sollte dieser heiße Lebensstreit
Verlorengehn wie euer Blut im Sande
Und nur im Reiche der Vergangenheit
Der Name leben dieser schönen Lande:

In diesem Grabe, wenn das Schwert zerbricht,
Liegt deutsche Ehre fleckenlos gebettet!
Beschützen konntet ihr die Heimat nicht,
Doch habt ihr sterbend sie vor Schmach gerettet.

Nun ruht ihr, wie im Mutterschoß das Kind,
Und schlafet aus auf heimatlichem Kissen;
Wir andern aber, die wir übrig sind,
Wo werden wir im Elend sterben müssen!

Schon hatten wir zu festlichem Empfang
Mit Kränzen in der Hand das Haus verlassen;
Wir standen harrend ganze Nächte lang,
Doch nur die Toten zogen durch die Gassen. –

So nehmet denn, ihr Schläfer dieser Gruft,
Die spätsten Blumen, die das Jahr geboten!
Schon fällt das Laub im letzten Sonnenduft –
Auch dieses Sommers Kranz gehört den Toten.

EIN EPILOG

Ich hab es mir zum Trost ersonnen
In dieser Zeit der schweren Not,
In dieser Blütezeit der Schufte,
In dieser Zeit von Salz und Brot.

Ich zage nicht, es muß sich wenden,
Und heiter wird die Welt erstehn,
Es kann der echte Keim des Lebens
Nicht ohne Frucht verlorengehn.

Der Klang von Frühlingsungewittern,
Von dem wir schauernd sind erwacht,
Von dem noch alle Wipfel rauschen,
Er kommt noch einmal, über Nacht!

Und durch den ganzen Himmel rollen
Wird dieser letzte Donnerschlag;
Dann wird es wirklich Frühling werden
Und hoher, heller, goldner Tag.

Heil allen Menschen, die es hören!
Und Heil dem Dichter, der dann lebt
Und aus dem offnen Schacht des Lebens
Den Edelstein der Dichtung hebt!

1. JANUAR 1851

Sie halten Siegesfest, sie ziehn die Stadt entlang;
Sie meinen, Schleswig-Holstein zu begraben.
Brich nicht, mein Herz! Noch sollst du Freude haben;
Wir haben Kinder noch, wir haben Knaben,
Und auch wir selber leben, Gott sei Dank!

IM ZEICHEN DES TODES

Noch war die Jugend mein, die schöne, ganze,
Ein Morgen nur, ein Gestern gab es nicht;
Da sah der Tod im hellsten Sonnenglanze,
Mein Haar berührend, mir ins Angesicht.

Die Welt erlosch, der Himmel brannte trübe;
Ich sprang empor entsetzt und ungestüm.
Doch er verschwand; die Ewigkeit der Liebe
Lag vor mir noch und trennte mich von ihm.

Und heute nun – im sonnigen Gemache
Zur Rechten und zur Linken schlief mein Kind;
Des zarten Atems lauschend, hielt ich Wache,
Und an den Fenstern ging der Sommerwind.

Da sanken Nebelschleier dicht und dichter
Auf mich herab; kaum schienen noch hervor
Der Kinder schlummerselige Gesichter,
Und nicht mehr drang ihr Atem an mein Ohr.

Ich wollte rufen; doch die Stimme keuchte,
Bis hell die Angst aus meinem Herzen schrie.
Vergebens doch; kein Schrei der Angst erreichte,
Kein Laut der Liebe mehr erreichte sie.

In grauer Finsternis stand ich verlassen,
Bewegungslos und schauernden Gebeins;
Ich fühlte kalt mein schlagend Herz erfassen,
Und ein entsetzlich Auge sank in meins.

Ich floh nicht mehr; ich fesselte das Grauen
Und faßte mühsam meines Auges Kraft;
Dann überkam vorahnend mich Vertrauen
Zu dem, der meine Sinne hielt in Haft.

Und als ich fest den Blick zurückgegeben,
Lag plötzlich tief zu Füßen mir die Welt;
Ich sah mich hoch und frei ob allem Leben
An deiner Hand, furchtbarer Fürst, gestellt.

Den Dampf der Erde sah empor ich streben
Und ballen sich zu Mensch- und Tiergestalt;
Sah es sich schütteln, tasten, sah es leben
Und taumeln dann und schwinden alsobald.

Im fahlen Schein im Abgrund sah ich's liegen
Und sah sich's regen in der Städte Rauch;
Ich sah es wimmeln, hasten, sich bekriegen
Und sah mich selbst bei den Gestalten auch.

Und niederschauend von des Todes Warte,
Kam mir der Drang, das Leben zu bestehn,
Die Lust, dem Feind, der unten meiner harrte,
Mit vollem Aug ins Angesicht zu sehn.

Und kühlen Hauches durch die Adern rinnen
Fühlt ich die Kraft, entgegen Lust und Schmerz
Vom Leben fest mich selber zu gewinnen,
Wenn andres nicht, so doch ein ganzes Herz. –

Da fühlt ich mich im Sonnenlicht erwachen;
Es dämmerte, verschwebte und zerrann;
In meine Ohren klang der Kinder Lachen,
Und frische, blaue Augen sahn mich an.

O schöne Welt! So sei in ernstem Zeichen
Begonnen denn der neue Lebenstag!
Es wird die Stirn nicht allzusehr erbleichen,
Auf der, o Tod, dein dunkles Auge lag.

Ich fühle tief, du gönnetest nicht allen
Dein Angesicht; sie schauen dich ja nur,
Wenn sie dir taumelnd in die Arme fallen,
Ihr Los erfüllend gleich der Kreatur.

Mich aber laß unirren Augs erblicken,
Wie sie, von keiner Ahnung angeweht,
Brutalen Sinns ihr nichtig Werk beschicken,
Unkundig deiner stillen Majestät.

WEIHNACHTABEND

Die fremde Stadt durchschritt ich sorgenvoll,
Der Kinder denkend, die ich ließ zu Haus.
Weihnachten war's; durch alle Gassen scholl
Der Kinderjubel und des Markts Gebraus.

Und wie der Menschenstrom mich fortgespült,
Drang mir ein heiser Stimmlein in das Ohr:
»Kauft, lieber Herr!« Ein magres Händchen hielt
Feilbietend mir ein ärmlich Spielzeug vor.

Ich schrak empor, und beim Laternenschein
Sah ich ein bleiches Kinderangesicht;
Wes Alters und Geschlechts es mochte sein,
Erkannt ich im Vorübertreiben nicht.

Nur von dem Treppenstein, darauf es saß,
Noch immer hört ich, mühsam, wie es schien:
»Kauft, lieber Herr!« den Ruf ohn Unterlaß;
Doch hat wohl keiner ihm Gehör verliehn.

Und ich? – War's Ungeschick, war es die Scham,
Am Weg zu handeln mit dem Bettelkind?
Eh meine Hand zu meiner Börse kam,
Verscholl das Stimmlein hinter mir im Wind.

Doch als ich endlich war mit mir allein,
Erfaßte mich die Angst im Herzen so,
Als säß mein eigen Kind auf jenem Stein
Und schrie nach Brot, indessen ich entfloh.

ABSCHIED

Kein Wort, auch nicht das kleinste, kann ich sagen,
Wozu das Herz den vollen Schlag verwehrt;
Die Stunde drängt, gerüstet steht der Wagen,
Es ist die Fahrt der Heimat abgekehrt.

Geht immerhin – denn eure Tat ist euer –
Und widerruft, was einst das Herz gebot;
Und kauft, wenn dieser Preis euch nicht zu teuer,
Dafür euch in der Heimat euer Brot!

Ich aber kann des Landes nicht, des eignen,
In Schmerz verstummte Klagen mißverstehn;
Ich kann die stillen Gräber nicht verleugnen,
Wie tief sie jetzt in Unkraut auch vergehn. –

Du, deren zarte Augen mich befragen –
Der dich mir gab, gesegnet sei der Tag!
Laß nur dein Herz an meinem Herzen schlagen,
Und zage nicht! Es ist derselbe Schlag.

Es strömt die Luft – die Knaben stehn und lauschen,
Vom Strand herüber dringt ein Möwenschrei;
Das ist die Flut! Das ist des Meeres Rauschen!
Ihr kennt es wohl; wir waren oft dabei.

Von meinem Arm in dieser letzten Stunde
Blickt einmal noch ins weite Land hinaus,
Und merkt es wohl, es steht auf diesem Grunde,
Wo wir auch weilen, unser Vaterhaus.

Wir scheiden jetzt, bis dieser Zeit Beschwerde
Ein andrer Tag, ein besserer, gesühnt;
Denn Raum ist auf der heimatlichen Erde
Für Fremde nur und was den Fremden dient.

Doch ist's das flehendste von den Gebeten,
Ihr mögt dereinst, wenn mir es nicht vergönnt,
Mit festem Fuß auf diese Scholle treten,
Von der sich jetzt mein heißes Auge trennt! –

Und du, mein Kind, mein jüngstes, dessen Wiege
Auch noch auf diesem teuren Boden stand,
Hör mich! – denn alles andere ist Lüge –
Kein Mann gedeihet ohne Vaterland!

Kannst du den Sinn, den diese Worte führen,
Mit deiner Kinderseele nicht verstehn,
So soll es wie ein Schauer dich berühren
Und wie ein Pulsschlag in dein Leben gehn!

FÜR MEINE SÖHNE

Hehle nimmer mit der Wahrheit!
Bringt sie Leid, nicht bringt sie Reue;
Doch, weil Wahrheit eine Perle,
Wirf sie auch nicht vor die Säue.

Blüte edelsten Gemütes
Ist die Rücksicht; doch zuzeiten
Sind erfrischend wie Gewitter
Goldne Rücksichtslosigkeiten.

Wackrer heimatlicher Grobheit
Setze deine Stirn entgegen;
Artigen Leutseligkeiten
Gehe schweigend aus den Wegen.

Wo zum Weib du nicht die Tochter
Wagen würdest zu begehren,
Halte dich zu wert, um gastlich
In dem Hause zu verkehren.

Was du immer kannst, zu werden,
Arbeit scheue nicht und Wachen;
Aber hüte deine Seele
Vor dem Karrieremachen.

Wenn der Pöbel aller Sorte
Tanzet um die goldnen Kälber,
Halte fest: du hast vom Leben
Doch am Ende nur dich selber.

CRUCIFIXUS

Am Kreuz hing sein gequält Gebeine,
Mit Blut besudelt und geschmäht;
Dann hat die stets jungfräulich reine
Natur das Schreckensbild verweht.

Doch die sich seine Jünger nannten,
Die formten es in Erz und Stein,
Und stellten's in des Tempels Düster
Und in die lichte Flur hinein.

So, jedem reinen Aug ein Schauder,
Ragt es herein in unsre Zeit;
Verewigend den alten Frevel,
Ein Bild der Unversöhnlichkeit.

AUF DEM SEGEBERG

Hier stand auch einer Frauen Wiege,
Die Wiege einer deutschen Frau;
Die schaut mich an mit Augen blau,
Und auf dem Felsen, drauf ich liege,
Schließt sie mich plötzlich an die Brust.
Da werd ich mir des Glücks bewußt;

Ich seh die Welt so unvergänglich,
Voll Schönheit mir zu Füßen ruhn;
Und alle Sorgen, die so bänglich
Mein Herz bedrängten, schweigen nun.
Musik! Musik! Die Lerchen singen,
Aus Wies' und Wäldern steigt Gesang,
Die Mücken in den Lüften schwingen
Den süßen Sommerharfenklang.
Und unten auf besonnter Flur
Seh ich des Kornes Wellen treiben,
In blauen Wölkchen drüber stäuben
Ein keusch Geheimnis der Natur. –
Da tauchen an des Berges Seite
Zwei Köpfchen auf aus dem Gestein;
Zwei Knaben steigen durchs Gekräute;
Und sie sind unser, mein und dein.
Sie jauchzen auf, die Felsen klingen;
Mein Bursche schlank, mein Bursche klein!
Schau, wie sie purzeln, wie sie springen,
Und jeder will der erste sein.
In Kinderlust die Wangen glühen;
Die Welt, die Welt, o wie sie lacht!
Nun hängen sie an deinen Knien,
Nun an den meinen unbedacht;
Der Große hier, und hier der Kleine,
Sie halten mich so eng umfaßt,
Daß in den Thymian der Steine
Mich hinzieht die geliebte Last.
Die Schatten, die mein Auge trübten,
Die letzten, scheucht der Kindermund;
Ich seh der Heimat, der geliebten,
Zukunft in dieser Augen Grund.

TROST

So komme, was da kommen mag!
Solang du lebest, ist es Tag.

Und geht es in die Welt hinaus,
Wo du mir bist, bin ich zu Haus.

Ich seh dein liebes Angesicht,
Ich sehe die Schatten der Zukunft nicht.

GEDENKST DU NOCH?

Gedenkst du noch, wenn in der Frühlingsnacht
Aus unserm Kammerfenster wir hernieder
Zum Garten schauten, wo geheimnisvoll
Im Dunkel dufteten Jasmin und Flieder?
Der Sternenhimmel über uns so weit,
Und du so jung; unmerklich geht die Zeit.

Wie still die Luft! Des Regenpfeifers Schrei
Scholl klar herüber von dem Meeresstrande;
Und über unsrer Bäume Wipfel sahn
Wir schweigend in die dämmerigen Lande.
Nun wird es wieder Frühling um uns her,
Nur eine Heimat haben wir nicht mehr.

Nun horch ich oft, schlaflos in tiefer Nacht,
Ob nicht der Wind zur Rückfahrt möge wehen.
Wer in der Heimat erst sein Haus gebaut,
Der sollte nicht mehr in die Fremde gehen!
Nach drüben ist sein Auge stets gewandt:
Doch eines blieb – wir gehen Hand in Hand.

DU WARST ES DOCH

In buntem Zug zum Walde ging's hinaus;
Du bei den Kindern bliebst allein zu Haus.
Und draußen haben wir getanzt, gelacht,
Und kaum, so war mir, hatt ich dein gedacht. –
Nun kommt der Abend, und die Zeit beginnt,
Wo auf sich selbst die Seele sich besinnt;
Nun weiß ich auch, was mich so froh ließ sein,
Du warst es doch, und du nur ganz allein.

AM GEBURTSTAGE

Es heißt wohl: Vierzig Jahr ein Mann!
Doch Vierzig fängt die Fünfzig an.

Es liegt die frische Morgenzeit
Im Dunkel unter mir so weit,

Daß ich erschrecke, wenn ein Strahl
In diese Tiefe fällt einmal.

Schon weht ein Lüftlein von der Gruft,
Das bringt den Herbst-Resedaduft.

SCHLAFLOS

Aus Träumen in Ängsten bin ich erwacht;
Was singt doch die Lerche so tief in der Nacht!

Der Tag ist gegangen, der Morgen ist fern,
Aufs Kissen hernieder scheinen die Stern'.

Und immer hör ich den Lerchengesang;
O Stimme des Tages, mein Herz ist bang.

GARTENSPUK

Daheim noch war es; spät am Nachmittag.
Im Steinhof unterm Laub des Eschenbaums
Ging schon der Zank der Sperlinge zur Ruh;
Ich, an der Hoftür, stand und lauschte noch,
Wie Laut um Laut sich mühte und entschlief.
Der Tag war aus; schon vom Levkojenbeet
Im Garten drüben kam der Abendduft;
Die Schatten fielen; bläulich im Gebüsch
Wie Nebel schwamm es. Träumend blieb ich stehn,
Gedankenlos, und sah den Steig hinab;
Und wieder sah ich – und ich irrte nicht –
Tief unten, wo im Grund der Birnbaum steht,
Langsam ein Kind im hohen Grase gehen;
Ein Knabe schien's, im grauen Kittelchen.
Ich kannt es wohl, denn schon zum öftern Mal
Sah dort im Dämmer ich so holdes Bild;
Die Abendstille schien es herzubringen,
Doch näher tretend fand man es nicht mehr.
Nun ging es wieder, stand und ging umher,
Als freu es sich der Garteneinsamkeit. –
Ich aber, diesmal zu beschleichen es,
Ging leise durch den Hof und seitwärts dann
Im Schatten des Holunderzauns entlang,
Sorgsam die Schritte messend; einmal nur
Nach einer Erdbeerranke bückt ich mich,
Die durch den Weg hinausgelaufen war.
Schon schlüpft ich bei der Geißblattlaube durch;
Ein Schritt noch ums Gebüsch, so war ich dort,
Und mit den Händen mußt ich's greifen können.
Umsonst! – Als ich den letzten Schritt getan,
Da war es wieder wie hinweggetäuscht.
Still stand das Gras, und durch den grünen Raum
Flog surrend nur ein Abendschmetterling;
Auch an den Linden, an den Fliederbüschen,

Die ringsum standen, regte sich kein Blatt.
Nachsinnend schritt ich auf dem Rasen hin
Und suchte töricht nach der Füßchen Spur
Und nach den Halmen, die ihr Tritt geknickt;
Dann endlich trat ich aus der Gartentür,
Um draußen auf dem Deich den schwülen Tag
Mit einem Gang im Abendwind zu schließen.
Doch als ich schon die Pforte zugedrückt,
Den Schlüssel abzog, fiel ein Sonnenriß,
Der in der Planke war, ins Auge mir;
Und fast unachtsam lugte ich hindurch.
Dort lag der Rasen, tief im Schatten schon;
Und sieh! Da war es wieder, unweit ging's,
Grasrispen hatt es in die Hand gepflückt;
Ich sah es deutlich . . . In sein blaß Gesichtchen
Fiel schlicht das Haar; die Augen sah man nicht,
Sie blickten erdwärts, gern, so schien's, betrachtend,
Was dort geschah; doch lächelte der Mund.
Und nun an einem Eichlein kniet' es hin,
Das spannenhoch kaum aus dem Grase sah
– Vom Walde hatt ich jüngst es heimgebracht –,
Und legte sacht ein welkes Blatt beiseit
Und strich liebkosend mit der Hand daran.
Darauf – kaum nur vermocht ich's zu erkennen;
Denn Abend ward es, doch ich sah's genau –
Ein Käfer klomm den zarten Stamm hinauf,
Bis endlich er das höchste Blatt erreicht;
Er hatte wohl den heißen Tag verschlafen
Und rüstete sich nun zum Abendflug.
Rückwärts die Händchen ineinanderlegend,
Behutsam sah das Kind auf ihn herab.
Schon putzte er die Fühler, spannte schon
Die Flügeldecken aus, ein Weilchen, und
Nun flog er fort. Da nickt' es still ihm nach.

Ich aber dachte: ›Rühre nicht daran!‹
Hob leis die Stirn und ging den Weg hinab,

Den Garten lassend in so holder Hut.
Nicht merkt ich, daß einsam die Wege wurden,
Daß feucht vom Meere strich die Abendluft;
Erfüllet ganz von süßem Heimgefühl,
Ging weit ich in die Dunkelheit hinaus.

Da fiel ein Stern; und plötzlich mahnt' es mich
Des Augenblicks, da ich das Haus verließ,
Die Hand entreißend einer zarteren,
Die drin im Flur mich festzuhalten strebte;
Denn schon selbander hausete ich dort. –
Nun ging ich raschen Schritts den Weg zurück;
Und als ich spät, da schon der Wächter rief,
Heimkehrend wieder durch den Garten schritt,
Hing stumm die Finsternis in Halm und Zweigen,
Die Kronen kaum der Bäume rauschten leis.
Vom Hause her nur, wo im Winkel dort
Der Nußbaum vor dem Kammerfenster steht,
Verstohlen durch die Zweige schien ein Licht.
Ein Weilchen noch, und sieh! ein Schatten fiel,
Ein Fenster klang, und in die Nacht hinaus
Rief eine Stimme: »Bist du's? « – »Ja, ich bin's!«

Die Zeit vergeht; längst bin ich in der Fremde,
Und Fremde hausen, wo mein Erbe steht.
Doch bin ich einmal wieder dort gewesen;
Mir nicht zur Freude und den andern nicht.
Einmal auch in der Abenddämmerung
Geriet ich in den alten Gartenweg.
Da stand die Planke; wie vor Jahren schon
Hing noch der Linden schön Gezweig herab;
Von drüben kam Resedaduft geweht,
Und Dämmrungsfalter flogen durch die Luft.
Ging's noch so hold dort in der Abendstunde? –
Fest und verschlossen stand die Gartentür;
Dahinter stumm lag die vergangne Zeit.
Ausstreckt ich meine Arme; denn mir war,

Als sei im Rasen dort mein Herz versenkt. –
Da fiel mein Aug auf jenen Sonnenriß,
Der noch, wie ehmals, ließ die Durchsicht frei.
Schon hatt ich zögernd einen Schritt getan;
Noch einmal blicken wollt ich in den Raum,
Darin ich sonst so festen Fußes ging.
Nicht weiter kam ich. Siedend stieg mein Blut,
Mein Aug ward dunkel; Grimm und Heimweh stritten
Sich um mein Herz; und endlich, leidbezwungen,
Ging ich vorüber. Ich vermocht es nicht.

IMMENSEE

Aus diesen Blättern steigt der Duft des Veilchens,
Das dort zu Haus auf unsern Heiden stand,
Jahraus und -ein, von welchem keiner wußte,
Und das ich später nirgends wieder fand.

»EIN GRÜNES BLATT«

Verlassen trauert nun der Garten,
Der uns so oft vereinigt hat;
Da weht der Wind zu euren Füßen
Vielleicht sein letztes grünes Blatt.

NOTGEDRUNGENER PROLOG

zu einer Aufführung des Peter Squentz von Gryphius

Der Pickelhering tritt auf

Hier mach ich euch mein Kompliment!
Der Pickelhering bin ich genennt.
War einst bei deutscher Nation
Eine wohlansehnliche Person;

Hatt mich in Schlössern und auf Gassen
Nicht Schimpf noch Sprung verdrießen lassen
Und mit manch ungefügem Stoß
Mein' sauren Ruhm gezogen groß.
Doch, Undank ist der Welt ihr Lohn!
Seit war ich lang vergessen schon;
Verschlief nun in der Rumpelkammer
All Lebensnot und Erdenjammer;
Da haben sie mich über Nacht
Plötzlich wieder ans Licht gebracht.
Wollen ein alt brav Stück tragieren,
Drin meine Kunst noch tut florieren,
Ein Stück, darinnen sich von zwei
Nationen zeiget die Poesei!
Ein Engländer Shakespeare hat es ersonnen
– Hab sonst just nichts von ihm vernommen –,
Dann aber hat es Herr Gryphius,
Der gelahrte Poete und Syndikus,
In rechten Schick und Schlag gebracht
Und den deutschen Witz hineingemacht.
Da hört ihr, wie ein ernster Mann
Auch einmal feste spaßen kann.

Doch, Lieber, sag mir, wenn's gefällt
– Ich war so lang schon außen der Welt –,
Herr Professor Gottsched ist doch nicht zugegen? –
Ich gehe demselben gern aus den Wegen;
Er ist ein gar gewaltsamer Mann
Und hat mir übel Leids getan;
Meinen guten Vetter Hans Wursten hat er
Zu Leipzig gejaget vom Theater,
Weil er zu kräftiglich tät spaßen.
Hätte ja mit sich handeln lassen!
Wir – haben unsre Kurzweil auch;
Doch, Lieber, alles nach Fug und Brauch!
Denn sonders vor dem Frauenzimmer
Muß man subtile reden immer;

Sie zeuchen das Sacktuch sonst vors Gesicht,
Und da schauen sie die Komödia nicht.
Dies aber wär schad überaus;
Denn es ist ein ganzer Blumenstrauß!
Tulipanen und Rosmarin,
Auch Kaiserkronen sind darin;
Die Vergißmeinnichte, so es zieren,
Werden euch sanft das Herze rühren;
Mitunter ist dann auch etwan
Ein deutscher Kohl dazugetan;
Und sollt eine Saudistel drinnen sein,
Das wollt ihr mildiglich verzeihn!
Und nun, Lieber, hab guten Mut,
Und merke, was sich zutragen tut!
Denke: Ein Maul ist kein Rachen,
Eine Kröt ist kein Drachen,
Ein Fingerlein ist kein Maß –
Aber ein Spaß ist alleweil ein Spaß!

KNECHT RUPRECHT

Von drauß' vom Walde komm ich her;
Ich muß euch sagen, es weihnachtet sehr!
Allüberall auf den Tannenspitzen
Sah ich goldene Lichtlein sitzen;
Und droben aus dem Himmelstor
Sah mit großen Augen das Christkind hervor,
Und wie ich so strolcht durch den finstern Tann,
Da rief's mich mit heller Stimme an.
»Knecht Ruprecht«, rief es, »alter Gesell,
Hebe die Beine und spute dich schnell!
Die Kerzen fangen zu brennen an,
Das Himmelstor ist aufgetan,
Alt' und Junge sollen nun
Von der Jagd des Lebens einmal ruhn;
Und morgen flieg ich hinab zur Erden,

Denn es soll wieder Weihnachten werden!«
Ich sprach : »O lieber Herre Christ,
Meine Reise fast zu Ende ist;
Ich soll nur noch in diese Stadt,
Wo's eitel gute Kinder hat.«
– »Hast denn das Säcklein auch bei dir?«
Ich sprach: »Das Säcklein, das ist hier:
Denn Äpfel, Nuß und Mandelkern
Fressen fromme Kinder gern.«
– »Hast denn die Rute auch bei dir?«
Ich sprach: »Die Rute, die ist hier;
Doch für die Kinder nur, die schlechten,
Die trifft sie auf den Teil, den rechten.«
Christkindlein sprach: »So ist es recht;
So geh mit Gott, mein treuer Knecht!«
Von drauß' vom Walde komm ich her;
Ich muß euch sagen, es weihnachtet sehr!
Nun sprecht, wie ich's hier innen find!
Sind's gute Kind, sind's böse Kind?

EINER BRAUT AM POLTERABEND

Mit einem Album und dem Brautkranz

Ich bringe dir ein leeres weißes Buch,
Die Blätter drin noch ohne Bild und Spruch.

Sie sollen einst, wenn sie beschrieben sind,
Dir bringen ein Erinnern hold und lind;

An liebe Worte, die man zu dir sprach,
An treue Augen, die dir blickten nach. –

Drauf leg ich dir von dunklem Myrtenreis
Den grünen Kranz, der aller Kränze Preis.

Nimm ihn getrost! Denn muß ich auch gestehn,
Er wird wie alles Laub dereinst vergehn,

So weiß ich doch, wenn Tag um Tag verschwand,
Hältst du den Zweig mit Früchten in der Hand.

BLUMEN

Dem Augenarzt von seinen Kranken

Sie kommen aus dem Schoß der Nacht;
Doch wären unten sie geblieben,
Wenn nicht das Licht mit seiner Macht
Hinauf ins Leben sie getrieben.

Holdselig aus der Erde bricht's
Und blüht nun über alle Schranken;
Du bist der Freund des holden Lichts;
Laß dir des Lichtes Kinder danken!

MEIN JÜNGSTES KIND

Ich wanderte schon lange,
Da kamest du daher;
Nun gingen wir zusammen,
Ich sah dich nie vorher.

Noch eine kurze Strecke
– Das Herz wird mir so schwer –,
Du hast noch weit zu gehen,
Ich kann nicht weiter mehr.

EIN STÄNDCHEN

In lindem Schlaf schon lag ich hingestreckt,
Da hat mich jäh dein Geigenspiel erweckt.
Doch, wo das Menschenherz mir so begegnet,
Nacht oder Tag, die Stunde sei gesegnet!

DAS EDELFRÄULEIN SEUFZT

Es ist wohl wahr,
Die Menschen stammen von einem Paar!
Der doppelte Adam, so süß er wäre,
Ich halte ihn dennoch für eine Schimäre!

EIN STERBENDER

Am Fenster sitzt er, alt, gebrochnen Leibes,
Und trommelt müßig an die feuchten Scheiben;
Grau ist der Wintertag und grau sein Haar.
Mitunter auch besieht er aufmerksam
Der Adern Hüpfen auf der welken Hand.
Es geht zu Ende; ratlos irrt sein Aug
Von Tisch zu Tisch, drauf Schriftwerk aller Art,
Sein harrend, hoch und höher sich getürmt.
Vergebens! Was er täglich sonst bezwang,
Es ward ein Berg; er kommt nicht mehr hinüber.
Und dennoch, wenn auch trübe, lächelt er
Und sucht wie sonst noch mit sich selbst zu scherzen;
Ein Aktenstoß, in tücht'gen Stein gehauen,
Es dünket ihn kein übel Epitaph.
Doch streng aufs neue schließet sich sein Mund;
Er kehrt sich ab, und wieder mit den grellen
Pupillen starrt er in die öde Luft
Und trommelt weiter an die Fensterscheiben.

Da wird es plötzlich hell; ein bleicher Strahl
Der Wintersonne leuchtet ins Gemach
Und auf ein Bild genüber an der Wand.
Und aus dem Rahmen tritt ein Mädchenkopf,
Darauf wie Frühtau noch die Jugend liegt;
Aus großen, hold erstaunten Augen sprüht
Verheißung aller Erdenseligkeit.
Er kennt das Wort auf diesen roten Lippen,
Er nur allein. Erinnrung faßt ihn an;
Fata Morgana steigen auf betörend;
Lau wird die Luft – wie hold die Düfte wehen!
Mit Rosen ist der Garten überschüttet,
Auf allen Büschen liegt der Sonnenschein.
Die Bienen summen; und ein Mädchenlachen
Fliegt süß und silbern durch den Sommertag.
Sein Ohr ist trunken. »Oh, nur einmal noch!«
Er lauscht umsonst, und seufzend sinkt sein Haupt.
»Du starbst. – Wo bist du? – Gibt es eine Stelle
Noch irgendwo im Weltraum, wo du bist? –
Denn daß du mein gewesen, daß das Weib
Dem Manne gab der unbekannte Gott –
Ach dieser unergründlich süße Trunk,
Und süßer stets, je länger du ihn trinkst,
Er läßt mich zweifeln an Unsterblichkeit;
Denn alle Bitternis und Not des Lebens
Vergilt er tausendfach; und drüberhin
Zu hoffen, zu verlangen weiß ich nichts!«
In leere Luft ausstreckt er seine Arme:
»Hier diese Räume, wo du einst gelebt,
Erfüllt ein Schimmer deiner Schönheit noch;
Nur mir erkennbar? wenn auch meine Augen
Geschlossen sind, von keinem dann gesehn.«

Vor ihm mit dunklem Weine steht ein Glas,
Und zitternd langet seine Hand danach;
Er schlürft ihn langsam, aber auch der Wein
Erfreut nicht mehr sein Herz. Er stützt das Haupt.

»Einschlafen, fühl ich, will das Ding, die Seele,
Und näher kommt die rätselhafte Nacht!« – –
Ihm unbewußt entfliehen die Gedanken
Und jagen sich im unermeßnen Raum. –
Da steigt Gesang, als wollt's ihn aufwärts tragen;
Von drüben aus der Kirche schwillt der Chor.
Und mit dem innern Auge sieht er sie,
So Mann als Weib, am Stamm des Kreuzes liegen.
Sie blicken in die bodenlose Nacht;
Doch ihre Augen leuchten feucht verklärt,
Als sähen sie im Urquell dort des Lichts
Das Leben jung und rosig auferstehn.
»Sie träumen«, spricht er – leise spricht er es –
»Und diese bunten Bilder sind ihr Glück.
Ich aber weiß es, daß die Todesangst
Sie im Gehirn der Menschen ausgebrütet.«
Abwehrend streckt er seine Hände aus:
»Was ich gefehlt, des einen bin ich frei;
Gefangen gab ich niemals die Vernunft,
Auch um die lockendste Verheißung nicht;
Was übrig ist – ich harre in Geduld.«
Mit klaren Augen schaut der Greis umher;
Und während tiefer schon die Schatten fallen,
Erhebt er sich und schleicht von Stuhl zu Stuhl,
Und setzt sich noch einmal dort an den Tisch,
Wo ihm so manche Nacht die Lampe schien.
Noch einmal schreibt er; doch die Feder sträubt sich;
Sie, die bisher dem Leben nur gedient,
Sie will nicht gehen in den Dienst des Todes;
Er aber zwingt sie, denn sein Wille soll
So weit noch reichen, als er es vermag.

Die Wanduhr mißt mit hartem Pendelschlag,
Als dränge sie, die fliehenden Sekunden;
Sein Auge dunkelt; ungesehen naht,
Was ihm die Feder aus den Fingern nimmt.
Doch schreibt er mühsam noch in großen Zügen,

Und Dämmrung fällt wie Asche auf die Schrift:
»Auch bleib der Priester meinem Grabe fern;
Zwar sind es Worte, die der Wind verweht,
Doch will es sich nicht schicken, daß Protest
Gepredigt werde dem, was ich gewesen,
Indes ich ruh im Bann des ew'gen Schweigens.«

DER LUMP

Und bin ich auch ein rechter Lump,
So bin ich dessen unverlegen;
Ein frech Gemüt, ein fromm Gesicht,
Herzbruder, sind ein wahrer Segen!

Links nehm von Christi Mantel ich
Ein Zipfelchen, daß es mir diene,
Und rechts – du glaubst nicht, wie das deckt –,
Rechts von des Königs Hermeline.

SPRÜCHE

I

Der eine fragt: Was kommt danach?
Der andre fragt nur: Ist es recht?
Und also unterscheidet sich
Der Freie von dem Knecht.

2

Vom Unglück erst
Zieh ab die Schuld;
Was übrig ist,
Trag in Geduld!

GRÄBER IN SCHLESWIG

Nicht Kranz noch Kreuz; das Unkraut wuchert tief;
Denn die der Tod bei Idstedt einst entboten,
Hier schlafen sie, und deutsche Ehre schlief
Hier dreizehn Jahre lang bei diesen Toten.

Und dreizehn Jahre litten jung und alt,
Was leben blieb, des kleinen Feindes Tücken,
Und konnten nichts als, stumm die Faust geballt,
Den Schrei des Zorns in ihrer Brust ersticken.

Die Schmach ist aus; der ehrne Würfel fällt!
Jetzt oder nie! Erfüllet sind die Zeiten,
Des Dänenkönigs Totenglocke gellt;
Mir klinget es wie Osterglockenläuten!

Die Erde dröhnt; von Deutschland weht es her,
Mir ist, ich hör ein Lied im Winde klingen,
Es kommt heran schon wie ein brausend Meer,
Um endlich alle Schande zu verschlingen! – –

Törichter Traum! – Es klingt kein deutsches Lied,
Kein Vorwärts schallt von deutschen Bataillonen;
Wohl dröhnt der Grund, wohl naht es Glied an Glied;
Doch sind's die Reiter dänischer Schwadronen.

Sie kommen nicht. Das Londoner Papier,
Es wiegt zu schwer, sie wagen's nicht zu heben.
Die Stunde drängt. So helft, ihr Toten hier!
Ich rufe euch und hoffe nichts vom Leben.

Wacht auf, ihr Reiter! Schüttelt ab den Sand,
Besteigt noch einmal die gestürzten Renner!
Blast, blast, ihr Jäger! Für das Vaterland
Noch einen Strauß! Wir brauchen Männer, Männer!

Tambour, hervor aus deinem schwarzen Schrein!
Noch einmal gilt's, das Trommelfell zu schlagen;
Soll euer Grab in deutscher Erde sein,
So müßt ihr noch ein zweites Leben wagen! –

Ich ruf umsonst! ihr ruht auf ewig aus;
Ihr wurdet eine duldsame Gemeinde.
Ich aber schrei es in die Welt hinaus:
Die deutschen Gräber sind ein Spott der Feinde!

ES GIBT EINE SORTE

Es gibt eine Sorte im deutschen Volk,
Die wollen zum Volk nicht gehören;
Sie sind auch nur die Tropfen Gift,
Die uns im Blute gären.

Und weil der lebenskräftige Leib
Sie auszuscheiden trachtet,
So hassen sie nach Vermögen ihn
Und hätten ihn gern verachtet.

Und was für Zeichen am Himmel stehn,
Licht oder Wetterwolke,
Sie gehn mit dem Pöbel zwar,
Doch nimmer mit dem Volke.

DER BEAMTE

Er reibt sich die Hände: »Wir kriegen's jetzt!
Auch der frechste Bursche spüret
Schon bis hinab in die Fingerspitz',
Daß von oben er wird regieret.

Bei jeder Geburt ist künftig sofort
Der Antrag zu formulieren,
Daß die hohe Behörde dem lieben Kind
Gestatte zu existieren!«

WIR KÖNNEN AUCH DIE TROMPETE BLASEN

Wir können auch die Trompete blasen
Und schmettern weithin durch das Land;
Doch schreiten wir lieber in Maientagen,
Wenn die Primeln blühn und die Drosseln schlagen,
Still sinnend an des Baches Rand.

BEGINN DES ENDES

Ein Punkt nur ist es, kaum ein Schmerz,
Nur ein Gefühl, empfunden eben;
Und dennoch spricht es stets darein,
Und dennoch stört es dich zu leben.

Wenn du es andern klagen willst,
So kannst du's nicht in Worte fassen.
Du sagst dir selber: »Es ist nichts!«
Und dennoch will es dich nicht lassen.

So seltsam fremd wird dir die Welt,
Und leis verläßt dich alles Hoffen,
Bist du es endlich, endlich weißt,
Daß dich des Todes Pfeil getroffen.

TIEFE SCHATTEN

So komme, was da kommen mag!
Solang du lebest, ist es Tag.

Und geht es in die Welt hinaus,
Wo du mir bist, bin ich zu Haus.

Ich seh dein liebes Angesicht,
Ich sehe die Schatten der Zukunft nicht.

I

In der Gruft bei den alten Särgen
Steht nun ein neuer Sarg,
Darin vor meiner Liebe
Sich das süßeste Antlitz barg.

Den schwarzen Deckel der Truhe
Verhängen die Kränze ganz;
Ein Kranz von Myrtenreisern,
Ein weißer Syringenkranz.

Was noch vor wenig Tagen
Im Wald die Sonne beschien,
Das duftet nun hier unten:
Maililien und Buchengrün.

Geschlossen sind die Steine,
Nur oben ein Gitterlein;
Es liegt die geliebte Tote
Verlassen und allein.

Vielleicht im Mondenlichte,
Wenn die Welt zur Ruhe ging,
Summt noch um die weißen Blüten
Ein dunkler Schmetterling.

2

Mitunter weicht von meiner Brust,
Was sie bedrückt seit deinem Sterben;
Es drängt mich, wie in Jugendlust,
Noch einmal um das Glück zu werben.

Doch frag ich dann: Was ist das Glück?
So kann ich keine Antwort geben
Als die, daß du mir kämst zurück,
Um so wie einst mit mir zu leben.

Dann seh ich jenen Morgenschein,
Da wir dich hin zur Gruft getragen;
Und lautlos schlafen die Wünsche ein,
Und nicht mehr will ich das Glück erjagen.

3

Gleich jenem Luftgespenst der Wüste
Gaukelt vor mir
Der Unsterblichkeitsgedanke;
Und in den bleichen Nebel der Ferne
Täuscht er dein Bild.

Markverzehrender Hauch der Sehnsucht,
Betäubende Hoffnung befällt mich;
Aber ich raffe mich auf,
Dir nach, dir nach;
Jeder Tag, jeder Schritt ist zu dir.

Doch, unerbittliches Licht dringt ein;
Und vor mir dehnt es sich,
Öde, voll Entsetzen der Einsamkeit;
Dort in der Ferne ahn ich den Abgrund;
Darin das Nichts. –

Aber weiter und weiter
Schlepp ich mich fort;
Von Tag zu Tag,
Von Mond zu Mond,
Von Jahr zu Jahr;

Bis daß ich endlich,
Erschöpft an Leben und Hoffnung,
Werd hinstürzen am Weg
Und die alte ewige Nacht
Mich begräbt barmherzig,
Samt allen Träumen der Sehnsucht.

4

Weil ich ein Sänger bin, so frag ich nicht,
Warum die Welt so still nun meinem Ohr;
Die eine, die geliebte Stimme fehlt,
Für die nur alles andre war der Chor.

5

Und am Ende der Qual alles Strebens
Ruhig erwart ich, was sie beschert,
Jene dunkelste Stunde des Lebens;
Denn die Vernichtung ist auch was wert.

6

Der Geier Schmerz flog nun davon,
Die Stätte, wo er saß, ist leer;
Nur unten tief in meiner Brust
Regt sich noch etwas, dumpf und schwer.

Das ist die Sehnsucht, die mit Qual
Um deine holde Nähe wirbt,
Doch, eh sie noch das Herz erreicht,
Mutlos die Flügel senkt und stirbt.

WAISENKIND

Ich bin eine Rose, pflück mich geschwind!
Bloß liegen die Würzlein dem Regen und Wind.

Nein, geh nur vorüber und laß du mich los!
Ich bin keine Blume, ich bin keine Ros'.

Wohl wehet mein Röcklein, wohl faßt mich der Wind;
Ich bin nur ein vater- und mutterlos Kind.

VERIRRT

Ein Vöglein singt so süße
Vor mir von Ort zu Ort;
Weh, meine wunden Füße!
Das Vöglein singt so süße,
Ich wandre immerfort.

Wo ist nun hin das Singen?
Schon sank das Abendrot;
Die Nacht hat es verstecket,
Hat alles zugedecket –
Wem klag ich meine Not?

Kein Sternlein blinkt im Walde,
Weiß weder Weg noch Ort;
Die Blumen an der Halde,
Die Blumen in dem Walde,
Die blühn im Dunkeln fort.

SPRUCH DES ALTERS

1

Vergessen und Vergessenwerden! –
Wer lange lebt auf Erden,
Der hat wohl diese beiden
Zu lernen und zu leiden.

2

Dein jung Genoß in Pflichten
Nach dir den Schritt tät richten.

Da kam ein andrer junger Schritt,
Nahm deinen jung Genossen mit.

Sie wandern nach dem Glücke,
Sie schaun nicht mehr zurücke.

FRAUEN-RITORNELLE

Blühende Myrthe –
Ich hoffte süße Frucht von die zur pflücken;
Die Blüte fiel; nun seh ich, daß ich irrte.

Schnell welkende Winden –
Die Spur von meinen Kinderfüßen sucht ich
An eurem Zaun, doch konnt ich sie nicht finden.

Muskathyazinthen –
Ihr blühtet einst in Urgroßmutters Garten;
Das war ein Platz, weltfern, weit, weit dahinten.

Dunkle Zypressen –
Die Welt ist gar zu lustig;
Es wird alles vergessen.

BEGRABE NUR DEIN LIEBSTES!

Begrabe nur dein Liebstes! Dennoch gilt's
Nun weiterleben; – und im Drang des Tages,
Dein Ich behauptend, stehst bald wieder du.
– So jüngst im Kreis der Freunde war es, wo
Hinreißend Wort zu lauter Rede schwoll;
Und nicht der Stillsten einer war ich selbst.
Der Wein schoß Perlen im kristallnen Glas,
Und in den Schläfen hämmerte das Blut; –
Da plötzlich in dem hellen Tosen hört ich
– Nicht Täuschung war's, doch wunderbar zu sagen –,
Aus weiter Ferne hört ich eine Stille;
Und einer Stimme Laut, wie mühsam zu mir ringend,
Sprach todesmüd, doch süß, daß ich erbebte:
»Was lärmst du so, und weißt doch, daß ich schlafe!«

VERLOREN

Was Holdes liegt mir in dem Sinn,
Das ich vor Zeit einmal besessen;
Ich weiß nicht, wo es kommen hin,
Auch, was es war, ist mir vergessen.
Vielleicht – am fernen Waldesrand,
Wo ich am lichten Junimorgen
– Die Kinder klein und klein die Sorgen –
Mit dir gesessen Hand in Hand,
Indes vom Fels die Quelle tropfte,
Die Amsel schallend schlug im Grund,
Mein Herz in gleichen Schlägen klopfte
Und glücklich lächelnd schwieg dein Mund;
In grünen Schatten lag der Ort –
Wenn nur der weite Raum nicht trennte,
Wenn ich nur dort hinüberkönnte,
Wer weiß! – vielleicht noch fänd ich's dort.

ES IST EIN FLÜSTERN

Es ist ein Flüstern in der Nacht,
Es hat mich ganz um den Schlaf gebracht;
Ich fühl's, es will sich was verkünden
Und kann den Weg nicht zu mir finden.

Sind's Liebesworte, vertrauet dem Wind,
Die unterwegs verwehet sind?
Oder ist's Unheil aus künftigen Tagen,
Das emsig drängt sich anzusagen?

AN KLAUS GROTH

Wenn't Abend ward,
Un still de Welt un still dat Hart;
Wenn möd up't Knee di liggt de Hand,
Un ut din Husklock an de Wand
Du hörst den Parpendikelslag,
De nich to Woort keem över Dag;
Wennt't Schummern in de Ecken liggt,
Un buten all de Nachtswulk flüggt;
Wenn denn noch eenmal kiekt de Sünn
Mit golden Schiin to't Finster rin,
Un, ehr de Slap kümmt un de Nacht,
Noch eenmal allens lävt und lacht –
Dat is so wat vör't Minschenhart,
Wenn't Abend ward.

ÜBER DIE HEIDE

Über die Heide hallet mein Schritt;
Dumpf aus der Erde wandert es mit.

Herbst ist gekommen, Frühling ist weit –
Gab es denn einmal selige Zeit?

Brauende Nebel geisten umher;
Schwarz ist das Kraut und der Himmel so leer

Wär ich hier nur nicht gegangen im Mai!
Leben und Liebe – wie flog es vorbei!

LYRISCHE FORM

Poeta laureatus:
Es sei die Form ein Goldgefäß,
In das man goldnen Inhalt gießt!
Ein anderer:
Die Form ist nichts als der Kontur,
Der den lebend'gen Leib beschließt.

GEH NICHT HINEIN

Im Flügel oben hinterm Korridor,
Wo es so jählings einsam worden ist
– Nicht in dem ersten Zimmer, wo man sonst
Ihn finden mochte, in die blasse Hand
Das junge Haupt gestützt, die Augen träumend
Entlang den Wänden streifend, wo im Laub
Von Tropenpflanzen ausgebälgt Getier
Die Flügel spreizte und die Tatzen reckte,
Halb Wunder noch, halb Wissensrätsel ihm
– Nicht dort; der Stuhl ist leer, die Pflanzen lassen
Verdürstend ihre schönen Blätter hängen;
Staub sinkt herab; – nein, nebenan die Tür,
In jenem hohen dämmrigen Gemach
– Beklommne Schwüle ist drin eingeschlossen –,
Dort hinterm Wandschirm auf dem Bette liegt
Etwas – geht nicht hinein! Es schaut dich fremd
Und furchtbar an.

Vor wenig Stunden noch
Auf jenen Kissen lag sein blondes Haupt;
Zwar bleich von Qualen, denn des Lebens Fäden
Zerrissen jäh; doch seine Augen sprachen
Noch zärtlich, und mitunter lächelt' er,
Als säh er noch in goldne Erdenferne.
Da plötzlich losch es aus; er wußt es plötzlich
– Und ein Entsetzen schrie aus seiner Brust,
Daß ratlos Mitleid, die am Lager saßen,
In Stein verwandelte –, er lag am Abgrund;
Bodenlos, ganz ohne Boden. – »Hilf!
Ach Vater, lieber Vater!« Taumelnd schlug
Er um sich mit den Armen; ziellos griffen
In leere Luft die Hände; noch ein Schrei –
Und dann verschwand er.
                              Dort, wo er gelegen,
Dort hinterm Wandschirm, stumm und einsam liegt
Jetzt etwas; – bleib, geh nicht hinein! Es schaut
Dich fremd und furchtbar an; für viele Tage
Kannst du nicht leben, wenn du es erblickt.
»Und weiter – du, der du ihn liebtest –, hast
Nichts weiter du zu sagen?«
                              Weiter nichts.

AN AGNES PRELLER

Als ich abends einen Rosenstrauß auf meinem Zimmer fand

Die Tage sind gezählt, vorüber bald
Ist alles, was das Leben einst versüßt;
Was will ich mehr, als daß vorm Schlafengehn
Die Jugend mich mit frischen Rosen grüßt!

DIE NEUEN FIEDELLIEDER

1

Lang und breit war ich gesessen
Überm schwarzen Kontrapunkt;
Auf ein Haar dem Stadttrompeter
Gaben sie mich zum Adjunkt.

Hei, da bin ich ausgerissen;
Schöne Welt, so nimm mich nun!
Durch die Städte will ich schweifen,
An den Quellen will ich ruhn.

Nur die Fiedel auf dem Rücken;
Vorwärts über Berg und Strom!
Schon durchschreit ich deine Hallen,
Hoher kühler Waldesdom.

Und ich streich die alte Geige,
Daß es hell im Wandern klingt;
Schaut der Fink vom Baum hernieder:
»Ei, Herr Vetter, wie das singt!«

Doch am Horizonte steiget
Eines Städtchens Turm empor! –
Welchen kleinen Lilienohren
Geig ich dort mein Stücklein vor?

2

Wenn mir unterm Fiedelbogen
Manche Saite auch zersprang,
Neue werden aufgezogen,
Und sie geben frischen Klang.

Auf dem Schützenplatz am Tore
Strich ich leis mein Spielwerk an;
Wie sie gleich die Köpfe wandten,
Da ich eben nur begann!

Und es tönt und schwillt und rauschet,
Wie im Sturz der Waldesbach
Meine Seele singt die Weise,
Meine Geige klingt sie nach.

Trotzig hadern noch die Burschen;
Bald doch wird es still im Kreis;
Erst ein Raunen, dann ein Schweigen,
Selbst die Bäume säuseln leis.

Zauber hat sie all befangen;
Und ich weiß, wie das geschah!
Dort im Kranz der blonden Frauen
Stehst du selbst, Frau Musika!

3

Glaubt ich doch, sie wär es selber
– Was nur das Gedanken sind! –,
Die Frau Musika vom Himmel;
Und nun ist's ein Erdenkind!

Gestern, da sie stand am Brunnen,
Zog ich flink den Hut zum Gruß;
Und sie nickt' und sprach in Züchten:
»Grüß dich Gott, Herr Musikus!«

Zwar ich wußt, Marannle heißt sie,
Und sie wohnt am Tore nah;
Doch ich hätt's nicht können lassen,
Sprach: »Grüß Gott, Frau Musika!«

Was sie da für Augen machte!
Und was da mit mir geschah!
Stets nun klingt's mir vor den Ohren:
Musikus und Musika!

4

In den Garten eingestiegen
Wär ich nun mit gutem Glück –
Wie die Fledermäuse fliegen!
Langsam weicht die Nacht zurück.

Doch indes am Feldessaume
Drüben kaum Aurora glimmt,
Hab ich unterm Lindenbaume
Hier die Fiedel schon gestimmt.

Sieh, dein Kammerfenster blinket
In dem ersten Morgenstrahl;
Heller wird's, die Nacht versinket;
Horch! Da schlug die Nachtigall!

Schlaf nicht mehr! Die Morgenlüfte
Rütteln schon an deiner Tür;
Rings erwacht sind Klang und Düfte,
Und mein Herz verlangt nach dir.

Zu des Gartens Schattendüster
Komm herab, geliebtes Kind!
Nur im Laub ein leis Geflüster –
Und verschwiegen ist der Wind.

5

Sind wir nun so jung beisammen
In der holden Morgenfruh,
Süßes, rosenrotes Mündchen,
Plaudre, plaudre immerzu!

Organiste sollt ich werden
An dem neuen Kirchlein hier? –
Kind! wer geigte dann den Finken
Feiertags im Waldrevier?

Doch du meinest, Amt und Würden,
Eigner Herd sei goldeswert! –
Machst du mich doch schier beklommen;
So was hab ich nie begehrt.

Was? Und auch der Stadttrompeter
Starb vergangne Woche nur?
Und du meinst, zu solchem Posten
Hätt ich just die Positur? –

Hei! Wie kräht der Hahn so grimmig!
Schatz, ade! Gedenk an mich!
Mach den Hahn zum Stadttrompeter!
Der kann's besser noch als ich!

6

Musikanten wollen wandern;
Ei, die hielte mich wohl fest!
Noch 'nen Trunk, Herr Wirt, vom Roten;
Dann ade, du trautes Nest!

Hoch das Glas! Zu neuen Liedern
Geb es Kraft und Herzenswonne!
Ha, wie lieblich in die Adern
Strömt der Geist der Heimatsonne! –

Wie dort hoch die Wolken ziehen!
durch die Saiten fährt der Wind;
Und er weht die leichten Lieder
In die weite Welt geschwind.

Musikanten wollen wandern!
Schon zur Neige ging der Wein;
Ziehn die Lieder in die Weite,
Muß der Spielmann hinterdrein.

7

Weiter geht's und immer weiter!
Sieh, da kommt auf müdem Fuß
Noch ein Wandrer mir entgegen.
»Bring dem Städtchen meinen Gruß!

Und am Tore, wenn des Zöllners
Blonde Tochter schaut herfür,
Bring ihr diese wilde Rose,
Grüß sie einmal noch von mir!« –

Weiter geht's und immer weiter!
Da schweigen alle Vögel bald
Vor mir stehn im Duft die Wälder,
Rückwärts brennt der Abendschein.

Einsam werden Weg' und Stege,
Ganz alleine wandr' ich bald;
Einen Falken seh ich kreisen –
Über mir schon rauscht der Wald.

8

Nun geht der Mond durch Wolkennacht,
Nun ist der Tag herum;
Ach, noch immer denk ich dein!
Im Walde um und um.

Die Heidelerch' noch oben singt
Ein Stück zu allerbest;
Die Amsel schlägt den letzten Ton
Und fliegt zu Nest, zu Nest.

Da nehm auch ich zu guter Nacht
Zur Hand die Geige mein;
Das ist ein klingend Nachtgebet
Und steigt zum Himmel ein.

9

Morgen wird's! Am Waldesrande
Sitz ich hier und spintisier;
Ach, jedweder meiner Schritte
Trug mich weiter fort von dir!

Vielen ging ich schon vorüber;
Nimmer wünscht ich mich zurück;
Warum flüstern heut die Lüfte:
Diesmal aber war's das Glück!

Von den Bäumen Tauestropfen
Fallen auf mein heiß Gesicht –
Sankt Cäcilia! Solch Paar Augen
Sah ich all mein Lebtag nicht!

Stadttrompeter, Organiste!
Wär's denn wirklich gar so dumm? –
Holla hoch, ihr jungen Beine,
Macht euch auf! Wir kehren um.

Ruf nur Kuckuck, dort im Walde!
Siehst so bald mich nun nicht mehr,
Denn in Puder und Manschetten
Schreit ich ehrenfest einher.

Golden spielt der Staub der Straßen –
Herz, Geduld! bald bist du da.
Hei! wie lieblich soll es klingen:
Musikus und Musika!

10

Am Markte bei der Kirchen,
Da steht ein klingend Haus;
Trompet und Geige tönen
Da mannigfalt heraus.

Der Lind'baum vor der Türe
Ist lust'ger Aufenthalt;
Vom Wald die Finken kommen
Und singen, daß es schallt.

Und auf der Bank darunter,
Die mit dem Kindlein da,
Das ist in alle Wege
Die blond' Frau Musika.

Der jung' frisch' Stadttrompeter
Bläst eben grad vom Turm;
Er bläst, daß nun vergangen
All Not und Wintersturm.

Die Schwalb ist heimgekommen,
Lind weht des Lenzen Hauch!
Das bläst er heut vom Turme
Nach altehrwürd'gem Brauch.

Herr Gott, die Saaten segne
Mit deiner reichen Hand,
Und gib uns Frieden, Frieden
Im lieben deutschen Land!

MÄRCHEN

Ich hab's gesehn und will's getreu berichten;
Beklagt euch nicht, wenn ich zuwenig sah!
Nur sommernachts passieren die Geschichten;
Kaum graut die Nacht, so rückt der Morgen nah,
Kaum daß den Wald die ersten Strahlen lichten,
Entflieht mit ihrem Hof Titania;
Auf Weg und Steg spazieren die Philister,
Das wohlbekannte leidige Register.

Kein Zauber wächst für fromme Bürgersleute,
Die tags nur wissen, wie die Glocke geht.
Die gründlich kennen gestern, morgen, heute,
Doch nicht die Zeit, die mittendrin besteht;
Ich aber hörte wohl das Waldgeläute,
Ein Sonntagskind ist immer der Poet;
So laßt euch denn in blanken Liederringen
Von Reim zu Reim ins Land der Märchen schwingen.

IN BULEMANNS HAUS

Es klippt auf den Gassen im Mondenschein;
Das ist die zierliche Kleine,
Die geht auf ihren Pantöffelein
Behend und mutterseelenallein
Durch die Gassen im Mondenscheine.

Sie geht in ein alt verfallenes Haus;
Im Flur ist die Tafel gedecket,
Da tanzt vor dem Monde die Maus mit der Maus,
Da setzt sich das Kind mit den Mäusen zu Schmaus,
Die Tellerlein werden gelecket.

Und leer sind die Schüsseln; die Mäuslein im Nu
Verrascheln in Mauer und Holze;
Nun läßt es dem Mägdlein auch länger nicht Ruh,
Sie schüttelt ihr Kleidchen, sie schnürt sich die Schuh,
Dann tritt sie einher mit Stolze.

Es leuchtet ein Spiegel aus goldnem Gestell,
Da schaut sie hinein mit Lachen;
Gleich schaut auch heraus ein Mägdelein hell,
Das ist ihr einziger Spielgesell;
Nun wolln sie sich lustig machen.

Sie nickt voll Huld, ihr gehört ja das Reich;
Da neigt sich das Spiegelkindlein,
Da neigt sich das Kind vor dem Spiegel zugleich,
Da neigen sich beide gar anmutreich,
Da lächeln die rosigen Mündlein.

Und wie sie lächeln, so hebt sich der Fuß,
Es rauschen die seidenen Röcklein,
Die Händchen werfen sich Kuß um Kuß,
Das Kind mit dem Kinde nun tanzen muß,
Es tanzen im Nacken die Löcklein.

Der Mond scheint voller und voller herein,
Auf dem Estrich gaukeln die Flimmer:
Im Takte schweben die Mägdelein,
Bald tauchen sie tief in die Schatten hinein,
Bald stehn sie in bläulichem Schimmer.

Nun sinken die Glieder, nun halten sie an
Und atmen aus Herzensgrunde;
Sie nahen sich schüchtern und beugen sich dann
Und knien voreinander und rühren sich an
Mit dem zarten unschuldigen Munde.

Doch müde werden die beiden allein
Von all der heimlichen Wonne;
Sehnsüchtig flüstert das Mägdelein:
»Ich mag nicht mehr tanzen im Mondenschein,
Ach, käme doch endlich die Sonne!«

Sie klettert hinunter ein Trepplein schief
Und schleicht hinab in den Garten.
Die Sonne schlief, und die Grille schlief.
»Hier will ich sitzen im Grase tief,
Und der Sonne will ich warten.«

Doch als nun morgens um Busch und Gestein
Verhuschet das Dämmergemunkel,
Da werden dem Kinde die Äugelein klein;
Sie tanzte zu lange bei Mondenschein,
Nun schläft sie bei Sonnengefunkel.

Nun liegt sie zwischen den Blumen dicht
Auf grünem, blitzendem Rasen;
Und es schauen ihr in das süße Gesicht
Die Nachtigall und das Sonnenlicht
Und die kleinen neugierigen Hasen.

TANNKÖNIG

I

Am Felsenbruch im wilden Tann
Liegt tot und öd ein niedrig Haus;
Der Efeu steigt das Dach hinan,
Waldvöglein fliegen ein und aus.

Und drin am blanken Eichentisch
Verzaubert schläft ein Mägdelein;
Die Wangen blühen ihr rosenfrisch,
Auf den Locken wallt ihr der Sonnenschein.

Die Bäume rauschen im Waldesdicht,
Eintönig fällt der Quelle Schaum;
Es lullt sie ein, es läßt sie nicht,
Sie sinket tief von Traum zu Traum.

Nur wenn im Arm die Zither klingt,
Da hell der Wind vorüberzieht,
Wenn gar zu laut die Drossel singt,
Zuckt manches Mal ihr Augenlid.

Dann wirft sie das blonde Köpfchen herum,
Daß am Hals das güldene Kettlein klingt;
Auf fliegen die Vögel, der Wald ist stumm,
Und zurück in den Schlummer das Mägdlein sinkt.

2

Hell reißt der Mond die Wolken auf,
Daß durch die Tannen bricht der Strahl;
Im Grunde wachen die Elfen auf,
Die Silberhörnlein rufen durchs Tal.

»Zu Tanz, zu Tanz am Felsenhang,
Am hellen Bach, im schwarzen Tann!
Schön Jungfräulein, was wird dir bang?
Wach auf und schlag die Saiten an!«

Schön Jungfräulein, die sitzt im Traum;
Tannkönig tritt zu ihr herein,
Und küßt ihr leis des Mundes Saum
Und nimmt vom Hals das Güldkettlein.

Da schlägt sie hell die Augen auf —
Was hilft ihr Weinen all und Flehn!
»Tannkönig, laß mich ziehn nach Haus,
Laß mich zu meinen Schwestern gehn.«

»In meinem Walde fing ich dich«,
Tannkönig spricht, »so bist du mein!
Was hattest du die Mess' versäumt?
Komm mit, komm mit zum Elfenreihn!« –

»Elf! Elf! das kling so wunderlich,
Elf! Elf! mir graut vor dem Elfenreihn;
Die haben gewiß kein Christentum,
Oh, laß mich zu Vater und Mutter mein!«

»Und denkst du an Vater und Mutter noch,
Sitz aber hundert Jahr allein!«
Die Elfen ziehn zu Tanz, zu Tanz;
Er hängt ihr um das Güldkettlein.

Zweites Buch
Ältere Gedichte

DIE HERRGOTTSKINDER

Von oben sieht der Herr darein;
Ihr dürft indes der Ruhe pflegen:
Er gibt der Arbeit das Gedeihn
Und träuft herab den Himmelssegen.
Und wenn dann in Blüte die Saaten stehn,
So läßt er die Lüftlein darüber gehn,
Auf daß sich die Halme zusammenbeugen
Und frisch aus der Blüte das Korn erzeugen,
Und hält am Himmel hoch die Sonne,
Daß alles reife in ihrer Wonne.
Gottvater hat auch seinen Teil daran;
Das alles in ihre Scheuern zu laden!
Gott Vater hat auch seinen Teil daran;
Den will er vergaben nach seinen Gnaden.
Da ruft er die jüngsten Kinder sein;
Die nährt er selbst aus seiner Hand,
Die Rehlein, die Häslein, die Würmlein klein
Und alles Getier in Luft und Land;
Das flattert herbei und kreucht und springt,
Ist fröhlich all zu Gottes Ehr
Und all genügsam, was er bringt.
Des freut sich der Herrgott mächtig sehr,
Er breitet weit die Arme aus
Und spricht in Liebe überaus:
»All, was da lebet, soll sich freun,
Seid alle von den Kindern mein;
Und will euch drum doch nicht vergessen,
Daß ihr nichts könnt als springen und fressen,
Hat jedes seinen eignen Ton!
Ihr sollt euch tummeln frisch im Grünen;
Doch mündig ist der Mensch, mein Sohn;
Drum mag er selbst sein Brot verdienen!«

KÄUZLEIN

Da sitzt der Kauz im Ulmenbaum
Und heult und heult im Ulmenbaum.
Die Welt hat für uns beide Raum!
Was heult der Kauz im Ulmenbaum
   Von Sterben und von Sterben?

Und übern Weg die Nachtigall,
Genüber pfeift die Nachtigall.
O weh, die Lieb ist gangen all!
Was pfeift so süß die Nachtigall
   Von Liebe und von Liebe?

Zur Rechten hell ein Liebeslied,
Zur Linken grell ein Sterbelied!
Ach, bleibt denn nichts, wenn Liebe schied,
Denn nichts als nur ein Sterbelied
   Kaum wegbreit noch hinüber?

DAS MÄDCHEN MIT DEN HELLEN AUGEN

Das Mädchen mit den hellen Augen,
Die wollte keines Liebste sein;
Sie sprang und ließ die Zöpfe fliegen,
Die Freier schauten hindrein.

Die Freier standen ganz von ferne
In blanken Röcken lobesam.
»Frau Mutter, ach, so sprecht ein Wörtchen
Und macht das liebe Kindlein zahm!«

Die Mutter schlug die Händ' zusammen,
Die Mutter rief: »Du töricht Kind,
Greif zu, greif zu! Die Jahre kommen,
Die Freier gehen gar geschwind!«

Sie aber ließ die Zöpfe fliegen
Und lachte alle Weisheit aus;
Da sprang durch die erschrocknen Freier
Ein toller Knabe in das Haus.

Und wie sie bog das wilde Köpfchen,
Und wie ihr Füßchen schlug den Grund,
Er schloß sie fest in seine Arme
Und küßte ihren roten Mund.

Die Freier standen ganz von ferne,
Die Mutter rief vor Staunen schier:
»Gott schütz dich vor dem ungeschlachten,
Ohn Maßen groben Kavalier!«

AN DIE FREUNDE

Wieder einmal ausgeflogen,
Wieder einmal heimgekehrt;
Fand ich doch die alten Freunde
Und die Herzen unversehrt.

Wird uns wieder wohl vereinen
Frischer Ost und frischer West?
Auch die losesten der Vögel
Tragen allgemach zu Nest.

Immer schwerer wird das Päckchen,
Kaum noch trägt es sich allein;
Und in immer engre Fesseln
Schlinget uns die Heimat ein.

Und an seines Hauses Schwelle
Wird ein jeder festgebannt;
Aber Liebesfäden spinnen
Heimlich sich von Land zu Land.

MYRTEN

Sie brach ein Reis vom Hochzeitskranz
Und pflanzt' es gläubig ein:
»Nun trage mir ein Kränzlein grün
Fürs künftige Töchterlein!«

Sind sechzehn Jahre wohl herum;
Das Reislein wuchs heran,
Hier sitzt das wackre Töchterlein –
Fehlt nur der Freiersmann.

NELKEN

Ich wand ein Sträußlein morgens früh,
Das ich der Liebsten schickte;
Nicht ließ ich sagen ihr, von wem,
Und wer die Blumen pflückte.

Doch als ich abends kam zum Tanz
Und tat verstohlen und sachte,
Da trug sie die Nelken am Busenlatz,
Und schaute mich an und lachte.

DAMENDIENST

Die Schleppe will ich dir tragen,
Ich will deinem Wink mich weihn,
An Festen und hohen Tagen!
Sollst du meine Königin sein!

Deiner Launen geheimste und kühnste
Gehorsam erfüll ich dir;
Doch leid ich in diesem Dienste
Keinen andern neben mir.

Solang ich dir diene in Ehren,
Gehöret dein Lächeln mein;
Deinen Hofstaat will ich vermehren;
Doch der Erste will ich sein.

STÄNDCHEN

Weiße Mondesnebel schwimmen
Auf den feuchten Wiesenplanen;
Hörst du die Gitarre stimmen
In dem Schatten der Platanen?

Dreizehn Lieder sollst du hören,
Dreizehn Lieder, frisch gedichtet;
Alle sind, ich kann's beschwören,
Alle nur an dich gerichtet.

An dem zarten schlanken Leibchen
Bis zur Stirne auf und nieder,
Jedes Fünkchen, jedes Stäubchen,
Alles preisen meine Lieder.

Wahrlich, Kind, ich hab zuzeiten
Übermütige Gedanken!
Unermüdlich sind die Saiten,
Und der Mund ist ohne Schranken.

Vom geheimsten Druck der Hände
Bis zum nimmersatten Küssen!
Ja, ich selber weiß am Ende
Nicht, was du wirst hören müssen.

Laß dich warnen, laß mich schweigen,
Laß mich Lied um Liebe tauschen;
Denn die Blätter an den Zweigen
Wachen auf und wollen lauschen.

Weiße Mondesnebel schwimmen
Auf den feuchten Wiesenplanen;
Hörst du die Gitarre stimmen
In dem Schatten der Platanen?

ZUR SILBERNEN HOCHZEIT

Aus einem Festzuge

Gott Amor

Wieder führ ich heut den Zug
Wie beim ersten Feste;
Amor bleibt die Hauptperson
In der Zahl der Gäste.

In mein Antlitz bringt die Zeit
Fältchen nicht noch Falte;
Doch wie jung ich immer bin,
Bin ich doch der alte.

Zwei Kinder

Erstes

Wir sind zwei Kinder hier vom Haus
Und folgen mit Bedachte
Dem kleinen Gotte, der Mama
So unendlich glücklich machte.

Zweites

Ja, lachet nur! Wir kommen auch
In seinen Rosentempel.
Die älteste Schwester hat schon gezeigt,
Die Kinder nehmen Exempel.

Ein Bettelkind

Zürnt mir nicht, verehrte Frau,
Daß auch ich Euch gratuliere!
Armut ist ein schlechter Gast,
Furchtsam tret ich in die Türe.

Draußen stand ich, und ich sah
Alle Fenster hell erleuchtet;
Und ich dachte, wie so oft
Ihr mir milde Gabe reichtet.

Gönnt nur einen Augenblick,
Mich an Eurem Glück zu weiden!
Schwester weint zu Haus nach Brot –
Ach, wir haben wenig Freuden.

Der Bettelvogt
Zum Jubilar

Verzeihen Sie, Herr Bürgermeister!
So sehr man seine Pflichten kennt,
Das Bettelvolk wird immer dreister,
Sosehr man vigiliert und rennt.

Soeben sah ich solchen Rangen
Verdächtig schleichen an den Treppen;
Wenn es vergönnt, ihn einzufangen,
Werd ich ihn sacht zu Loche schleppen.

Der Narr

Der Narr macht seine Reverenz,
Der gute derbe Geselle!
Ihr hörtet wohl von weitem schon
Das Rauschen seiner Schelle.

Als alter Hausfreund bin ich ja
Notwendig bei dem Feste;
Denn hörtet ihr die Klapper nicht,
Euch fehlte doch das Beste.

Ein tücht'ger Kerl hat seinen Sparrn!
Das ist unwiderleglich;
Und hat das Haus nicht seinen Narrn,
So wird es öd und kläglich.

Hier war ich manchen guten Tag
Gastfreundlich aufgenommen;
Heil diesem vielbeglückten Haus,
Wo auch der Narr willkommen!

BETTLERLIEBE

O laß mich nur von ferne stehn
Und hangen stumm an deinem Blick;
Du bist so jung, du bist so schön,
Aus deinen Augen lacht das Glück.

Und ich so arm, so müde schon,
Ich habe nichts, was dich gewinnt.
O wär ich doch ein Königssohn
Und du ein arm verlornes Kind!

VIERZEILEN

1

Du weißt doch, was ein Kuß bekennt?
Sonst hör du auf zu küssen!
Ich dächt, er sei ein Sakrament,
Das alle Völker wissen.

2

Und weißt du, warum so trübe,
So schwer mir das Herz muß sein?
Du hast mich geküßt ohne Liebe,
Das wolle dir Gott verzeihn!

3

Die Lieb ist wie ein Wiegenlied;
Es lullt dich lieblich ein;
Doch schläfst du kaum, so schweigt das Lied,
Und du erwachst allein.

DAS HARFENMÄDCHEN

Das war noch im Vaterstädtchen;
Da warst du gar zierlich und jung,
Ein süß schwarzäugiges Dirnlein,
Zur Liebe verständig genung.

Und wenn dir die Mutter zu singen
Und Harfe zu spielen gebot,
So scheutest du dich vor den Leuten
Und klagtest mir heimlich die Not.

»Wann treff ich dich wieder und wo doch?« –
»Am Schlosse, wenn's dunkel ist.«
Und abends bin ich gekommen
Und habe dich fröhlich geküßt.

Sind sieben Jahr vergangen,
Daß ich dich nicht gesehn;
Wie bleich doch sind deine Wangen,
Und waren so blühend und schön!

Wie greifst du so keck in die Saiten
Und schaust und äugelst umher!
Das sind die kindlich scheuen,
Die leuchtenden Augen nicht mehr.

Doch kann ich den Blick nicht wenden,
Du einst so reizende Maid;
Mir ist, als schaut ich hinüber
Tief, tief in vergangene Zeit.

WEIHNACHTSABEND

An die hellen Fenster kommt er gegangen
Und schaut in des Zimmers Raum;
Die Kinder alle tanzten und sangen
Um den brennenden Weihnachtsbaum.

Da pocht ihm das Herz, daß es will zerspringen;
»Oh«, ruft er, »laßt mich hinein!
Was Frommes, was Fröhliches will ich euch singen
Zu dem hellen Kerzenschein.«

Und die Kinder kommen, die Kinder ziehen
Zur Schwelle den nächtlichen Gast;
Still grüßen die Alten, die Jungen umknien
Ihn scheu in geschäftiger Hast.

Und er singt: »Weit glänzen da draußen die Lande
Und locken den Knaben hinaus;
Mit klopfender Brust, im Reisegewande
Verläßt er das Vaterhaus.

Da trägt ihn des Lebens breitere Welle –
Wie war so weit die Welt!
Und es findet sich mancher gute Geselle,
Der's treulich mit ihm hält.

Tief bräunt ihm die Sonne die Blüte der Wangen,
Und der Bart umsprosset das Kinn;
Den Knaben, der blond in die Welt gegangen,
Wohl nimmer erkennet ihr ihn.

Aus goldenen und aus blauen Reben
Es mundet ihm jeder Wein;
Und dreister greift er in das Leben
Und in die Saiten ein.

Und für manche Dirne mit schwarzen Locken
Im Herzen findet er Raum; –
Da klingen durch das Land die Glocken,
Ihm war's wie ein alter Traum.

Wohin er kam, die Kinder sangen,
Die Kinder weit und breit;
Die Kerzen brannten, die Stimmlein klangen,
Das war die Weihnachtszeit.

Da fühlte er, daß er ein Mann geworden;
Hier gehörte er nicht dazu.
Hinter den blauen Bergen im Norden
Ließ ihm die Heimat nicht Ruh.

An die hellen Fenster kam er gegangen
Und schaut' in des Zimmers Raum;
Die Schwestern und Brüder tanzten und sangen
Um den brennenden Weihnachtsbaum.« –

Da war es, als würden lebendig die Lieder
Und nahe, der eben noch fern;
Sie blicken ihn an und blicken wieder;
Schon haben ihn alle so gern.

Nicht länger kann er das Herz bezwingen,
Er breitet die Arme aus:
»Oh, schließet mich ein in das Preisen und Singen,
Ich bin ja der Sohn vom Haus!«

JUNGE LIEBE

> Aus eignem Herzen geboren,
> Nie besessen, dennoch verloren.

Ihr Aug ist blau, nachtbraun ihr lockicht Haar,
Ein Schelmenmund, wie jemals einer war,
Ein launisch Kind; doch all ihr Widerstreben
Bezwingt ihr Herz, das mir so ganz ergeben.

Schon lange sitzt sie vor mir, träumerisch
Mit ihren Beinchen baumelnd, auf dem Tisch;
Nun springt sie auf; an meines Stuhles Lehne
Hängt sie sich, schmollend ob der stummen Szene.

»Ich liebe dich!« – »Du bist sehr interessant.«
»Ich liebe dich!« – »Ach, das ist längst bekannt!
Ich lieb Geschichten, neu und nicht erfunden –
Erzählst du nicht, ich bin im Nu verschwunden.« –

»So hör! Jüngst träumte mir« – – »Das ist nicht wahr!« –
»Wahr ist's! Mir träumt', ich sähe auf ein Haar
Dich selbst straßauf und -ab in Prachtgewändern
An eines Mannes Arm gemächlich schlendern;

Und dieser Mann« – – »der war?« – »der war nicht ich!« –
»Du lügst!« – »Mein Herz, ich sah dich sicherlich –
Ihr senktet Aug in Auge voll Entzücken,
Ich stand seitab, gleichgültig deinen Blicken.«

»Der Mutter sag ich's!« ruft das tolle Kind
Und springt zur Tür. Da hasch ich sie geschwind,
Und diese frevelhaften Lippen müssen,
Was sie verbrochen, ohne Gnade büßen.

DÄMMERSTUNDE

Im Nebenzimmer saßen ich und du;
Die Abendsonne fiel durch die Gardinen;
Die fleißigen Hände fügten sich der Ruh,
Von rotem Licht war deine Stirn beschienen.

Wir schwiegen beid'; ich wußte mir kein Wort,
Das in der Stunde Zauber mochte taugen;
Nur nebenan die Alten schwatzten fort –
Du sahst mich an mit deinen Märchenaugen.

FRAGE

Wenn einsam du im Kämmerlein gesessen,
Wenn dich der Schlummer floh die lange Nacht,
Dann hast du oft, so sprichst du, mein gedacht;
Doch, wenn die Sonne kommen unterdessen,
Wenn dir die Welt und jeglich Aug gelacht,
Hast du auch dann wohl jemals mein gedacht?

RECHENSTUNDE

Du bist so ein kleines Mädchen
Und hast schon so helle Augen;
Du bist so ein kleines Mädchen
Und hast schon so rote Lippen!

Nun schau mich nur an, du Kleine,
Auch ich hab helle Augen,
Und laß dir alles deuten –
Auch ich hab rote Lippen.

Nun rechne mir doch zusammen:
Vier Augen, die geben? – Blicke!
Und – mach mir keinen Fehler! –
Vier Lippen, die geben? – Küsse!

LETZTE EINKEHR

Noch wandert er; doch hinter ihm
Schon liegen längst die blauen Berge;
Kurz ist der Weg, der noch zu gehn,
Und tief am Ufer harrt der Ferge.

Doch blinket schon das Abendrot
Und glühet durch das Laub der Buchen;
So muß er denn auch heute noch
Wie sonst am Wege Herberg suchen.

Die liegt in grünen Ranken ganz
Und ganz von Abendschein umglommen;
Am Tore steht ein blondes Kind
Und lacht ihn an und sagt Willkommen.

Seitab am Ofen ist der Platz;
Schon kommt der Wirt mit blankem Kruge.
Das ist ein Wein! – So trank er ihn
Vor Jahren einst in vollem Zuge.

Und endlich schaut der Mond herein
Von draußen durch die dunkeln Zweige;
Es wird so still; der alte Mann
Schlürft träumerisch die letzte Neige.

Und bei des bleichen Sternes Schein
Gedenkt er ferner Sommertage,
Nur halb ein lauschend Ohr geneigt,
Ob jemand klopf' und nach ihm frage.

ABSCHIED

Mit Liedern

1

Was zu glücklich, um zu leben,
Was zu scheu, um Klang zu geben,
Was zu lieblich zum Entstehen,
Was geboren zum Vergehen,

Was die Monde nimmer bieten,
Rosen aus verwelkten Blüten,
Tränen dann aus jungem Leide
Und ein Klang verlorner Freude.

2

Du weißt es, alle, die da sterben
Und die für immer scheiden gehn,
Die müssen, wär's auch zum Verderben,
Die Wahrheit ohne Hehl gestehn.

So leg ich's denn in deine Hände,
Was immer mir das Herz bewegt;
Es ist die letzte Blumenspende,
Auf ein geliebtes Grab gelegt.

MIT EINER HANDLATERNE

Laterne, Laterne!
Sonne, Mond und Sterne,
Die doch sonst am Himmel stehn,
Lassen heut sich nimmer sehn;
Zwischen Wasserreih und Schloß
Ist die Finsternis so groß,
Gegen Löwen rennt man an,
Die man nicht erkennen kann!

Kleine freundliche Latern',
Sei du Sonne nun und Stern:
Sei noch oft der Lichtgenoß
Zwischen Wasserreih und Schloß
Oder – dies ist einerlei –
Zwischen Schloß und Wasserreih!

GEDICHTE
ZWEITER TEIL

Nachlese

AN EMMA

Willst mich meiden,
Grausam scheiden,
Nun Ade!
Ach kein Scherzen
Heilt die Schmerzen
Meines Weh!
Doch was sag ich,
Doch was klag ich
Denn um mich.
Gibt's nicht Rosen
G'nug zum Kosen
Ohne dich!
Heut führ Mine,
Morgen Line
Ich zum Tanz;
Flatterrose
Reich dir Lose
Ich zum Kranz!
Willst mich meiden,
Grausam scheiden,
Nun Ade!
Andrer Scherzen
Heilt die Schmerzen
Meines Weh!

AN EINEM SCHÖNEN SOMMERABENDE

Lieblich senkt die Sonne sich,
Alles freut sich wonniglich
In des Abends Kühle!

Du gibst jedem Freud und Rast,
Labst ihn nach des Tages Last
Und des Tages Schwüle.

Horch, es lockt die Nachtigall,
Und des Echos Widerhall
Doppelt ihre Lieder!
Und das Lämmchen hüpft im Tal,
Freude ist jetzt überall,
Wonne senkt sich nieder!

Wonne in des Menschen Brust,
Der der Freud ist sich bewußt,
Die ihm Gott gegeben,
Die du jedem Menschen schufst,
Den aus nichts hervor du rufst
Auf zum ew'gen Leben.

BALD IST UNSERS LEBENS TRAUM ZU ENDE

Bald ist unsers Lebens Traum zu Ende,
Schnell verfließt er in die Ewigkeit.
Reicht zum frohen Tanze euch die Hände!
Tut's geschwinde; sonst enteilt die Zeit!

VISION

Die Sterne funkeln durchs Blau der Nacht,
Die Eltern schlummern, mein Lieb nur wacht.
Sie schaut übers Meer in die dämmernde Fern',
Sie denket des treuen Buhlen so gern.

Leis wehet der Nachtwind mit spielendem Hauch
Und küßt ihr die quellende Träne vom Aug:
»Was schaust du so trüb in die freundlichen Stern',

Der Mann, den du liebest in weiter Fern,
Der schauet, wie du, über Land und Meer,
Das treue Auge von Tränen schwer.«

FÜR EINEN UNGELIEBTEN

Höre auf, dich zu betrüben,
Heitre deinen bangen Sinn!
Will denn keine dich mehr lieben,
Eile nur zum Echo hin.
Ruf nur laut: »Wer liebt denn mich?«
Und du hörst ein dreifach: »Ich!«

DIE FLÖHE UND DIE LÄUSE

Die Flöhe und die Läuse.
die hatten sich beim Schopf
Und kämpften gar gewaltig
Auf eines Buben Kopf.
Das nahm der Bube übel
Und haschte Floh und Laus
Und macht' mit seinem Nagel
Den Kämpfern den Garaus.
Ich und mein Lieb, wir kosten
Auf meines Nachbars Land –
Hätt bald der grobe Schlingel
Uns beide untergerannt.

FREIHEITSJUBEL

Laßt uns die Eiche der Freiheit erklimmen,
Baut ihren Tempel in strahlender Pracht,
Laßt den Funken der Gottheit erglimmen,
Rüstet euch eilig zur donnernden Schlacht!
Triumph und Sieg! Unser Wunsch ist erfüllt!
Wir haben die Freiheit – ein Nebelbild.

FREUNDCHEN, SAGE MIR'S DOCH AUCH

A.: Freundchen, sage mir's doch auch,
    Den Grund, den möcht ich kennen,
    Warum wir nicht nach altem Brauch
    Die Mädchen Jungfraun nennen!
B.: Ist gar nicht mehr vonnöten!
    Sie würden nur – erröten.

AN DIE ENTFERNTE M

Eilende Winde,
Wieget euch linde,
Säuselt mein Liedchen der Lieblichen vor;
Vögelein, singet,
Vögelein, bringet
Töne der Lust vor ihr lauschendes Ohr!
Öffne dich, Rose,
Schwellet, ihr Moose,
Reiht euch, ihr Blumen, zum duftigen Strauß;
Weilt ihr am Herzen,
Horcht ihren Scherzen,
Bannet den trübenden Kummer hinaus.
Schimmernde Sterne,
Strahlt aus der Ferne

Himmlischer Höhen ihr Freude und Lust,
Freundliche Sterne,
Wärt ihr nicht ferne,
Leuchtet ihr, tröstend die liebende Brust.

WICHTELMÄNNCHEN

Soll gar nicht recht geheuer sein
Dort drüben im alten Schloß,
Solln ziehn viel kleine Menscherlein
Umher in lärmendem Troß.

Ziehst du mit der jungen Frau erst ein
Dort drüben ins alte Schloß,
Da kommen ja noch mehr Kleine hinein –
Das wird ein gewaltiger Troß.

IN DAS STAMMBUCH FERDINAND RÖSES

Doch sieh, in nahen und in fernen Zeiten,
Viel schöne Bilder tauchen wechselnd auf.
Doch wie auch manche schon mein Herz erfüllten,
Sie kamen schnell und schwanden bald darauf.
Rasch flieht die Gunst der lustverträumten Stunden;
Mein Ideal ist nicht so leicht gefunden.

Doch wenn ich nun dies hohe Bild gefunden,
Das ich so oft im Traume schon geschaut,
Wenn ich die Wirklichkeit in festen Armen halte
Und ganz mein eigen ist die süße Braut,
Dann mag wohl froher meine Weise klingen,
Wenn Flur und Wald nur Glück und Liebe singen.

Jetzt reißt die Zeit dein freundlich Bild vorüber,
Das, schnell erkannt, nicht lange mich erfreut.
Du kennst mein Leid, mein Hoffen und mein Lieben,
Uns trennt das Leben nicht für alle Zeit.
Wenn Glück und Liebe auf mich niedertauen,
Dann komm zu mir, den Segen anzuschauen.

DER BAU DER MARIENKIRCHE ZU LÜBECK

Eine Sage

Im alten heiligen Lübeck
Ward eine Kirche gebaut
Zu Ehren der Jungfrau Maria,
Der hohen Himmelsbraut.

Doch als man den Bau begonnen,
Da hatt es der Teufel gesehn;
Der glaubte, an selbiger Stelle
Ein Weinhaus würde erstehn.

Draus hat er manch arme Seele
Sich abzuholen gedacht
Und drum das Werk gefördert
Ohn Rasten Tag und Nacht.

Die Maurer und der Teufel,
Die haben zusammen gebaut;
Doch hat ihn bei der Arbeit
Kein menschlich Aug geschaut.

Drum, wie sich die Kellen rührten,
Es mochte keiner verstehn,
Daß in so kurzen Tagen
So großes Werk geschehn.

Und als sich die Fenster wölben,
Der Teufel grinset und lacht,
Daß man in einer Schenke
So Tausende Scheiben macht.

Doch als sich die Bogen wölben,
Da hat es der Teufel durchschaut,
Daß man zu Gottes Ehren
Eine Kirche hier erbaut.

Da riß er in seinem Grimme
Einen Fels von Bergeswand
Und schwingt sich hoch in Lüften,
Von männiglich erkannt.

Schon holt er aus zum Wurfe
Aufs heilige Prachtgebäu; –
Da tritt ein Maurergeselle
Hervor getrost und frei:

»Herr Teufel, wollt nichts Dummes
Begehen in der Hast!
Man hat ja sonst vernommen,
Daß Ihr Euch handeln laßt!«

»So bauet«, schrie der Teufel,
»Ein Weinhaus nebenan,
Daß ich mein Werken und Mühen
Nicht schier umsonst getan.« –

Und als sie's ihm gelobet,
So schleudert er den Stein,
Auf daß sie dran gedächten,
Hart in den Grund hinein. –

Drauf, als der Teufel entfahren,
Ward manches liebe Jahr
Gebaut noch, bis die Kirche
Der Jungfrau fertig war.

Dann ist dem Teufel zu Willen
Der Ratsweinkeller erbaut,
Wie man ihn noch heutzutage
Dicht neben der Kirche schaut.

So stehen Kirch und Keller
In traulichem Verein;
Die frommen Herrn zu Lübeck,
Die gehen aus und ein.

Sie beten wohl da droben,
Da drunten trinken sie,
Und für des Himmels Gaben
Da droben danken sie.

Und trinken sie da drunten,
Sie denken wohl dabei:
Dem selbst der Teufel dienet,
Wer fröhlich, fromm und frei.

DIE MÖWE UND MEIN HERZ

Hin gen Norden zieht die Möwe,
Hin gen Norden zieht mein Herz;
Fliegen beide aus mitsammen,
Fliegen beide heimatwärts.

Ruhig, Herz! du bist zur Stelle;
Flogst gar rasch die weite Bahn –
Und die Möwe schwebt noch rudernd
Überm weiten Ozean.

DES ALTEN TRAUM

Ich träumte vergangene Zeiten,
Ich träumte verrauschten Traum –
Von goldig beschwingten Vögeln
Und goldner Wolken Saum.

Froh schwirrten die Vögel und sangen
Viel Klänge aus alter Zeit,
Es zogen die goldenen Wolken
Zu luftigen Bildern gereiht.

Zu Bildern der freundlichen Jugend
Verschwamm sich der spielende Schwarm,
Ich grüßte die kräftigen Freunde
Und wiegte mein Mädchen im Arm.

Hoch über uns wölbte aus Rosen
Sich lustig ein schimmerndes Dach. – –
Ich träumte so selig, da dröhnte
Die Abendglocke mich wach.

Auf schneeichten Wintergefilden
Sank leuchtend die Sonne herab. –
Noch einmal ins Land der Gesänge!
Dann, Sonne, mit dir ins Grab. –

IN DIE HEIMAT

In die Heimat, in die Heimat
Ziehen meiner Leier Töne;
An des Westmeers weitem Strande
Hauset meine Festkamöne.

Nach des Baumes goldnen Früchten
Werf ich hoch den Wanderstab;
Doch umsonst, nur leichte Blüten
Wehen leise Winde ab.

IM GOLDE, IM HERZEN

Ein Mädchen liebt ich so holde,
Ein Ringlein hatt ich von Golde;
Da nahm ich ein Eisen gar spitz und fein
Und grub in den Ring ihren Namen ein.

Doch schnell mehr Mädchen und Namen
Aufs goldene Ringlein kamen,
Daß bald ihrer neune gar wunderhold
Wie Perlen prangten im roten Gold.

Und als ich zum zehnten geliebet,
Da hat mich das Ringlein betrübet;
Denn ringsum, wie ich ihn besah,
Kein Plätzchen war zum Schreiben da.

Was nun, was nun beginnen!
Schwer mußt ich denken und sinnen.
Da schrieb ich den Namen der Liebsten mein
Ins eigne warme Herz hinein. –

Und, Perlen aus goldenen Banden,
Neun Namen vom Ringe verschwanden.
Doch wie auch die Perle vom Golde läßt,
Im Herzen die Schrift steht treu und fest.

MEIN SCHÖNES WUNDERLAND

Es schwimmt auf hohen Wogen
Ein schönes Wunderland;
Bald nah, bald wieder ferne,
Von wen'gen nur gekannt.

Ein Land, wo ew'ge Sonnen
Am Firmamente stehn,
Wo wunderschöne Menschen
In Rosen schlafen gehn.

Wo Märchenbilder rauschen
Durch laue Waldesnacht
Und Blumen Küsse tauschen
In tausendfarb'ger Pracht.

Wo Liebe, Götterfreiheit
Das reine Leben küßt;
Wo alles voller Wunder,
Wo alles glücklich ist. –

Ach, nur in Liedern weilet
Mein Land so schön und hehr;
Ich mag es hoffen, ahnen,
Doch schauen nimmermehr.

STÄNDCHEN

Hörst du die Zither klingen,
Liebchen, hörest du? –
Leise Töne wiegen
Dich in süße Ruh.

Leis in Märchenträume
Führt dich des Knaben Gesang,
Schlummre, mein Liebchen, schlummre
Träumend beim Zitherklang.

Schon hat der große Vater
Alles zur Ruhe gebracht;
Alle Blumen schlummern – –
Liebchen, gute Nacht!

TRÄUMEREI

Auf weichem Moose ruhten meine Glieder,
Und laue Schatten flossen um mich her,
Sanft rauscht der Wald, die Quellen klingen leise,
Hoch auf am Himmel wogt das Sternenmeer;
Rings auf der Wiesen schimmernd grünem Pfühle
Ergießt der Abend seine duft'ge Kühle.

Und wie das Dunkel so die Welt umschleiert,
Erblüht im Geiste eine neue Welt;
Die Blume, die der Abend eingeschläfert,
Die goldne Frucht, der Blume hohes Zelt
Erschaut das trunkne Aug mit einem Male
In milder Sonnen purpurlichtem Strahle.

Auf eines Wundersees bewegtem Rücken
Trägt mich ein Nachen durch die blaue Flut;
Und eingewiegt in leichte Wunderträume
Mein herzig Mädchen mir im Arme ruht.
Rings aus den Wogen Zaubertöne dringen,
Die ewig alt, doch ewig jung erklingen.

Um Mast und Ruder sprießen frische Rosen,
Die Segel glühn im roten Sonnenglanz;
Mein Mädchen lächelt, meine Rosen blühen,
Mein Nachen schwebt im leichten Wogentanz;
Durch Blüt' und Schilf im zaubrischen Getriebe
Singt leiser Hauch das Märchen von der Liebe. –

Und weiter schwankt die sanftgewiegte Barke
Vorbei an Tempeln, an smaragdnen Höhn;
An meiner Brust zwei milde Sonnen glühen,
Zwei milde Sonnen, die nicht untergehn.
Und weiter geht's mit Scherz und Kuß und Tränen,
Mit süßer Lust und niegestilltem Sehnen.

Da teilt ein Eiland die besonnten Küsten,
Ein voller Hafen winkt uns gastlich zu,
Geschmückte Tempel, reichbekränzte Hütten,
Am Ziel der schönen Fahrt auch süße Ruh. –
Voll warmer Lust die Herzen höher schlagen,
Als uns hinein die sanften Wellen tragen.

Die Barke ruht am heißersehnten Ziele,
Ein holder Taumel hat das Herz erfüllt;
Doch bald entweicht er – – meine Blicke suchen
Umsonst, umsonst das schöne Zauberbild.
Mein Lieb verblüht, meine Rosen bleichen,
Das Ufer füllen graue Riesenleichen.

In weiter Ferne nur ein leises Rauschen
Gemahnet an das schöne Wundermeer. – –
Da weckt mich Lautenklang aus schwerem Traume;
Am hohen Himmel zieht die Sonn' daher – –
Freu dich, mein Herz, schwer hat die Nacht gelogen,
Noch schwebst du froh auf reichen Wunderwogen.

AN MEINE KÜNFTIGE

Und bist du nur erst mein Bräutchen,
So bleibst du auf ewig mein,
Und solltest du von allen
Den Weibern ein Ausbund sein.

Ich weiß ein prächtig Mittel,
Das seine Dienste tut:
Die Eh', mein süßes Püppchen,
Die ist für alles gut.

Da mocht Lancasters Methode
Vor langer Zeit schon blühn:
Die Weiber müssen die Kinder.
Die Kinder die Weiber erziehn.

LIEBE

Goldne Töne im Herzen mir schliefen,
Goldne Töne in stiller Nacht;
Jetzt an der Liebe freundlichen Strahlen
Sind sie zu klingenden Liedern erwacht.

Naht sich die Liebe männlichen Herzen,
Reißt sich der Geist aus umfangender Haft,
Und in des Busens heiligen Tiefen
Regt sich des Nordens gewaltige Kraft.

LOSE MÄDCHEN

Mein Lieb hat diesen Winter
An einen andern gedacht;
Und dieses andern Mädchen
Hat's ebenso gemacht. –

Ihr beiden losen Mädchen,
Was habt ihr uns beid' so betrübt,
Daß du Lisettens Buhlen,
Lisette mich geliebt.

NEUER FRÜHLING

Sonett

Der liebe Frühling kommt mit hellem Klange
Und streuet seinen Schmelz auf Hain und Triften;
Viel tausend Vögel wiegen sich in Lüften
Und feiern ihn mit lautem Freudensange. –

Auch du, mein Herz, ihn freundlich zu empfangen,
Aus starrer Trauer mußt du dich erheben!
Was willst du noch der alten Liebe leben,
Da rings umher nur frische Rosen prangen.

Und konnt im Lenz die alte Lieb verglühen,
So mag die Trauer mit dem Winter schwinden;
Im neuen Lenz wird neue Lieb erblühen.

Es sind ja Blumen noch genug zu finden,
Der ganzen Flur ist neuer Schmuck verliehen!
Drum will auch ich aufs neu mir Kränze winden!

DER SÄNGER BEIM MAHLE

Romanze

Es schwelgt der Sohn im Ahnensaal
Bei lautem Becherklang:
»Zum alten Harfner schickt ich aus;
Was bleibt er mir so lang!«

Der Ritter leert den Goldpokal,
Der Sänger tritt herein. –
»Auf, Harfner, stimme uns ein Lied
Zu Becherklang und Wein!«

Der Harfner rührt das Saitenspiel;
Die Gäste allzumal
Verstummen bei des Alten Lied
Im hochgewölbten Saal.

Der Sänger singt, des Nordens Kraft
Braust durch die Saiten hin;
Die Harfe rauscht; dem Ritter dringt
Des Alten Lied zu Sinn.

Der Sänger singt aus grauer Zeit
Der Väter Sieg und Tod
Und klagt bei leisem Harfenlaut
Des Vaterlandes Not.

Und durch die hohe Halle tönt's
Wie ferner Schwerter Klang.
Der Alte schweigt; dem Ritter wird's
Um Herz und Sinnen bang.

Er flieht vom lauten Lustgelag,
Umgürtet sich das Schwert
Und zieht hinaus zu Kampf und Sieg,
Ein Sohn, der Väter wert.

DES KINDES GEBET

»Hu, wie mich friert! Die Kälte
Preßt mir die Lippen zu;
Kann noch nicht zu dir beten,
Du guter Vater, du!«

Und als es warm geworden,
Da schlief das Kindlein ein;
Und für die schlummernde Kleine
Still beten die Engelein.

LOCKENKÖPFCHEN

»Komm zu mir, mein Lockenköpfchen,
Setz auf meinen Schoß dich nieder,
Hörst ja gerne, wenn ich singe,
Hörst ja gern die alten Lieder!«

Freundlich lächelnd spricht die Kleine:
»Wart, ich will die Zither bringen;
Denn da klingt's noch mal so lustig!«
Und ich fange an zu singen:

Am grünen Teich
Der Knabe so bleich
Sang einsam seine Lieder.
Im Grunde so tief
Die Nixe schlief.
Da weckten die Klänge sie wieder.

Hinab, hinauf!
Im Strudellauf
Zerteilen sich die Wogen;
Bei Mondeslicht
Ein bleich Gesicht
Kommt still heraufgezogen.

»Lieb Knabe traut,
Es ruft die Braut!«
Leis hat die Nixe gesungen.
Ein Arm so weiß,
So kalt wie Eis,
Hat bald den Knaben umschlugen.

»Wie wohl, wie warm
In deinem Arm!
Lieb Knabe, laß uns scherzen!«
Die Nixe sang,
Dem Knaben drang
Der kalte Tod zum Herzen.

»Nun, was sagt mein kleines Liebchen? –
Doch du schweigst ja ganz erschrocken.
Graut dich so vor alten Märchen,
Daß dir Zung' und Pulse stocken?«

Und mit ihren zarten Armen
Hält sie ängstlich mich umschlungen:
»Wie so böse Lieder singst du!
Wie so traurig hat's geklungen!«

»Du, du bist der bleiche Knabe,
Und du singst die hellen Lieder.
Hüte dich, die böse Nixe
Zieht dich in die Fluten nieder! –«

»Bleib, o bleib! Was willst du unten
In dem kalten dunkeln Meere . . .«
Und mit tränenfeuchten Blicken
Starrt sie in des Zimmers Leere.

Doch ich küß die Purpurlippen,
Nehm die Zither heimlich leise,
Greife tändelnd in die Saiten
Und beginn die frohe Weise:

»Lockenköpfchen ist die Nixe,
Und sie hat mich fest umschlungen,
Daß dem armen bleichen Knaben
Fast das Herze ist zersprungen.«

AN EINE WEIBLICHE MASKE

Sprich, wer bist du, schlanke Gestalt in der flüchtigen Maske?
Zähl ich den Grazien dich, zähl ich den Musen dich bei! –
Aber die Göttinnen waren aus Erz und kaltem Gesteine,
Und in der marmornen Brust klopfte kein fühlendes Herz.

WALPURGISNACHT

Am Kreuzweg weint die verlassene Maid,
Sie weint um verlassene Liebe.
Die klagt den fliegenden Wolken ihr Leid,
Ruft Himmel und Hölle zu Hülfe. –
Da stürmt es heran durch die finstere Nacht,
Die Eiche zittert, die Fichte kracht,
Es flattern so krächzend die Raben.

Am Kreuzweg feiert der Böse sein Fest,
Mit Sang und Klang und Reigen:
Die Eule rafft sich vom heimlichen Nest
Und lädt viel luftige Gäste.
Die stürzen sich jach durch die Lüfte heran,
Geschmückt mit Distel und Drachenzahn,
Und grüßen den harrenden Meister.

Und über die Heide weit und breit
Erschallt es im wilden Getümmel.
»Wer bist du, du schöne, du lustige Maid?
Juchheisa, Walpurgis ist kommen!
Was zauderst du, Hexchen, komm, springe mit ein,
Sollst heute des Meisters Liebste sein,
Du schöne, du lustige Dirne!«

Der Nachtwind peitscht die tolle Schar
Im Kreis um die weinende Dirne,
Da packt sie der Meister am goldenen Haar
Und schwingt sie im sausenden Reigen,
Und wie im Zwielicht der Auerhahn schreit,
Da hat der Teufel die Dirne gefreit
Und hat sie nimmer gelassen.

MEIN TALISMAN

»Horch, wie heulet der Sturm, wie prasseln am Fenster die
    Schloßen!
Heut ist der erste Mai, die Nacht der Gespenster und Hexen.
Ist dir nicht bange, Geliebter, durch Nacht und Wetter zu reiten?
Bleib! ich wache bei dir; ich darf dich heute nicht lassen.«
Ängstlich sorgte mein Lieb, doch mahnte die Mutter zum
    Scheiden,
Und dem vernünftigen Wort der ernsten Mutter gehorchend,
Nahm ich den Abschiedskuß, und tröstend das zärtliche
    Mädchen,
Sprach ich: »Was sorgst du, mein Lieb, laß toben Gespenster
    und Hexen,
Wem ein Engel im Herzen wohnt, den fürchten die Teufel.«

ZUM WEIHNACHTEN

Mit Märchen

Mädchen, in die Kinderschuhe
Tritt noch einmal mir behend!
Folg mir durch des Abends Ruhe,
Wo der dunkle Taxus brennt.

Engel knien an der Schwelle,
Hütend bei dem frommen Schein;
Von den Lippen klingt es helle:
Nur die Kindlein gehen ein!

Doch du schaust mich an verwundert,
Sprichst: »Vertreten sind die Schuh;
Unter alt vergeßnem Plunder
Liegt die Puppe in der Truh'.«

Horch nur auf! Die alten Märchen
Ziehn dich in die alte Pracht!
Wie im Zauberwald das Pärchen
Schwatzen wir die ganze Nacht.

Von Schneewittchen bei den Zwergen,
Wo sie lebte unerkannt
Und war hinter ihren Bergen
Doch die Schönst' im ganzen Land.

Von Hans Bärlein, der im Streite
Einen Riesenritter schlug,
Der die Königstochter freite,
Endlich gar die Krone trug.

Von dem Dichter auch daheime,
Der ein Mädchen, groß und schlank,
Durch die Zauberkraft der Reime
Rückwärts in die Kindheit sang.

WESTERMÜHLEN

Die Heimat hier und hier dein erster Traum!
Das Mühlrad rauscht, so lustig stäubt der Schaum,
Und unten blinkt der Bach in tiefem Schweigen,
Ein Spiegelrund, drin blau der Himmel ruht.
Vom Ufer rings mit ihren dunklen Zweigen
Taucht sich die Erle in die klare Flut.
Horch, Peitschenknall und muntrer Pferdetrab!
Die Räder knirschen durch den feuchten Sand.
Halt an, halt an! Nun sacht den Berg hinab

Und durch den Bach zum andern Uferrand.
Dann wieder aufwärts links den Weg entlang
Hinauf zur Mühle mit des Kornes Last,
Wo von der Eiche unermüdlich klang
Der Stare fröhlich Plaudern hoch vom Ast.
Zehn Schritte noch, da steht im Schattengrunde
Der Linden halbversteckt das Müllerhaus;
Der Müller mit der Tabakspfeif' im Munde
Lehnt in der Tür und schaut behaglich aus.

WIE, NOCH IMMER

Wie, noch immer in den braunen
Locken dieses weiße Band? –
Denkst du noch, was meiner Launen
Buntes Gaukelspiel erfand?
Denkst du noch, wie wir verstohlen
Abends durch den Garten irrten,
Wenn die Dämmrungsvögel schwirrten
Um den Kelch der Nachtviolen?
Wie wir still zur Laube nieder
Schlichen an dem Bach entlang,
Wo ich meine leichten Lieder
Dir mit halber Stimme sang?
Wie du Lindenblüten pflücktest,
Wie du sie, zum Kranz verschlungen,
Lächelnd auf die Stirn mir drücktest
Für das Lied, das ich gesungen?

Denkst du noch, mein holdes Mädchen,
Wie du mir im Arm gesessen?
Sprich, mein wunderholdes Mädchen,
Hast du alles nicht vergessen? –
An mein Herz will ich sie drücken,
Die mein Herz gefesselt hält – – –
Und vor meinen offnen Blicken
Wimmelt eine fremde Welt. –

So wenn in des Bechers Runde
Perl' an Perle steigt und schäumt,
Spiegelnd aus dem goldnen Grunde,
Was das Herz des Zechers träumt.
Wohlbekannte Bilder grüßen
In das trunkne Aug hinein;
Doch die Lippen wollen küssen,
Und es flieht der holde Schein.

NUR EINE LOCKE

Nur eine Locke von deinem Haar
Gib mir, mein Lieb, für die kalte Ferne!
Still wie das ewige Licht der Sterne
Will ich sie bergen immerdar.

Nur eine Locke nach freundlicher Sitte
Gib mir zum Pfande in Leid und Lust,
Will sie ja bergen auf treuer Brust.
Gib mir, mein Lieb, ich bitte, bitte!

DAHIN!

Wie in stille Kammer
Heller Sonnenschein,
Schaut in stille Herzen
Mild die Lieb herein.

Kurz nur weilet die Sonne,
Schatten brechen herein,
Ach, wie so schnell entschwinden
Liebe und Sonnenschein.

KRANZWINDEN

Zusammen Bub und Mädchen,
Die wanden Kränzelein
Und flochten unversehens
Die Herzen mit hinein.

Die Blumen alle welkten,
Die Bänder lösten sich;
Die Herzen aber hielten
Zusammen ewiglich.

BRUTUS' GESPENST

»Sprich, wes Larve erschien bei Sardes dem herrlichen Brutus,
Als er mit trauerndem Sinn künftige Zeiten ermaß?
War es sein eigen Gespenst, Vorbote des nahen Geschickes,
Caesars Rächergestalt, schreckend zu nächtlicher Zeit?«
»Keins von beiden, es war der schwindende Schatten der
      Freiheit,
Die mit dem sterbenden Held Roma für immer erliegt.«

DIE RUHESTÖRERIN

Mein süßes Kind,
Wie ich dich liebe, frägst du oft,
Doch wie du meine Ruhe störst,
Das höre jetzt: Mein süßes Kind,
Wenn ich mein Aug zur heil'gen Jungfrau wende,
In frommer Andacht zu ihr wenden will,
So trägt die Heil'ge, die sich mir enthüllt,
Dein blaues Aug, dein hold Gesicht,
Dein glänzend Haar und deines Mundes Liebe,
Mein süßes Kind.

Will ich Gebete sprechen, eh der Schlaf mich faßt,
So ist's dein letzter Gruß,
Den meine Lippen lallen;
Und Andacht und Gebet ist hin;
Denn mächt'ger als die Andacht ist die Liebe,
Und mächt'ger als die Heilige bist du.
Dich denk ich nur, und dich nur bet ich an.
So steht's mit mir, und das hast du getan,
Du böses Kind!

IHR SIND MEINE LIEDER GEWIDMET

An frohverlebte Tage dacht ich wieder,
Und die Gedanken führten mich zu dir;
Ich hielt die leichten Blätter in den Händen,
Ich dacht an dich, und dachte: Send sie ihr!
Doch sah ich dann auf meine armen Lieder,
So riß es fast die süßen Träume nieder.
Ich dachte: Nein; – doch, wie ich immer bin,
Ein rascher Pulsschlag nur, und – nimm sie hin! –
Sieh! wie ich dein gedenke alle Zeit,
So haben ja nicht flüchtige Sekunden
Zu eigen meine Lieder dir geweiht;
Dein waren sie in ihren ersten Stunden. –
Wohl hab ich alte Märchen dir erzählet
Vom Königskinde, das in Ketten liegt,
Und von dem Drachen, der sie arg bewachet,
Und von dem Ritter, der das Tier besiegt.
Und wenn ich dir der Jungfrau Schmerzen malte,
Ich sah nur dich in jenen Ketten zagen;
Dann griff ich schwärmend zum gewicht'gen Schwerte
Und durft im Geist mein Leben für dich wagen.
Ich dachte dich, wenn ich die Blume nannte,
Die taubeglänzt im stillen Garten steht,
Ich dachte dich, wenn ich dem Engel dankte,
Der segnend still mit mir durchs Leben geht;

Und wie das Bild sich immer mocht entfalten,
Du warst es stets in ähnlichen Gestalten.
Dein bin ich ja mit meinem ganzen Sein:
O nimm mich auf! Die Lieder geb ich drein!

IN DER FREMDE

Andre Seen, andre Auen –
Längst verschwunden Strand und Meer,
Rings wohin die Augen schauen,
Auch kein Plätzchen kenn ich mehr.

Andre Menschen, andre Herzen,
Keiner gibt mir frohen Gruß,
Längst verschwunden Spiel und Scherzen,
Längst verschwunden Scherz und Kuß.

Aber wenn der Tag geschieden,
Dunkel liegen Tal und Höhn,
Bringt die Nacht mir stillen Frieden,
Wenn die Sterne aufergehn.

Schaun aus ihrer blauen Ferne
So vertraut herab zu mir! –
Gott und seine hellen Sterne
Sind doch ewig dort wie hier.

AUF WIEDERSEHEN

Das Mädchen spricht:

Auf Wiedersehn! Das ist ein trüglich Wort! –
O reiß dich nicht von meinem warmen Herzen!
Auf Wiedersehn! Das spricht von Seligkeit
Und bringt mir doch so tausend bittre Schmerzen.

Auf Wiedersehn! Das Wort ist für den Tod! –
Weißt du, wie über uns die Sterne stehen!
Noch schlägt mein Herz, und meine Lippe glüht –
Mein süßer Freund, ich will dich immer sehen.

Du schwurst mir ja, mein Aug bezaubre dich;
Schaut ich dich an, so könntst du nimmer gehen!
Mein bist du ja! – Erst wenn mein Auge bricht,
Dann küß mich sanft und sprich: Auf Wiedersehen!

DIE JULISONNE SCHIEN AUF IHRE LOCKEN

Die Julisonne schien auf ihre Locken,
Da sprang sie fort ins Dunkel der Syringen,
Daß rauschend um sie her die Blütenflocken
Sich wie zum Kranz um ihre Schläfe hingen.

BLUMENDUFT VOM NACHBARFENSTER

Blumenduft vom Nachbarfenster
Weht der Wind zu mir herein,
Und es scheint ein Gruß der Liebe
Aus der Ferne mir zu sein.

NACHTS

Schon Mitternacht! Mein Kopf ist wüst –
Zu Bett! Ich habe lang gewach;
Doch ob das Aug sich müde schließt,
Wann kennt das Herz wohl Tag und Nacht?

Das Herz, das Herz hat nimmer Ruh,
Das fliegt zu dir durch Zeit und Raum,
Im Traum mein süßes Leben du,
Im Leben du mein süßer Traum!

NACH FROHEN STUNDEN

Ich hab die Rose blühen sehn,
Mein ist ihr süßes Bild;
Und welkte sie zur Stunde schon
Und bliebe stets verhüllt! –

Wohl lebt ich manche frohe Zeit,
Manch schönen Augenblick;
Der stirbt in meiner Seele nicht,
Und kehrt' er nie zurück.

Das Leben trügt – Erinnerung
Allein bleibt ewig treu;
Die bringet nur geheilten Schmerz
Und nur gesühnte Reu'.

Doch stürmt um meine Brust die Zeit
Und weckt mein junges Blut;
Im Zweifel stärket sich die Treu'
Und in Gefahr der Mut.

Ich weiß, die Zeit ist nimmer schlecht,
Die Wahrheit schaut das Licht!
Ich weiß, die Liebe muß bestehn,
Der Himmel wankt ja nicht!

Doch schau ich in vergangne Zeit
Gar oft und lieb zurück –
Gedanken ziehen mild durchs Herz
Und Tränen vor den Blick.

ABENDS

Die Drossel singt, im Garten scheint der Mond;
Halb träumend schwankt im Silberschein die Rose.
Der Abendfalter schwingt sich sacht heran,
Im Flug zu ruhn an ihrem zarten Moose.

Nun schwirrt er auf – doch sieh! er muß zurück;
Die Rose zwingt ihn mit gefeitem Zügel.
An ihrem Kelche hängt der Schmetterling,
Vergessend sich und seine bunten Flügel. – –

Die Drossel singt, im Garten scheint der Mond;
Halb träumend wiegst du dich in meinen Armen.
O gönne mir der Lippen feuchte Glut,
Erschließ den Rosenkelch, den liebewarmen!

Du bist die Blume, die mich einzig reizt!
Dein heller Blick ist ein gefeiter Zügel!
An deinen Lippen hängt der Schmetterling,
Sich selbst vergessend und die bunten Flügel.

IN SEINEM GARTEN WANDELT ER ALLEIN

In seinem Garten wandelt er allein;
In alle Bäume gräbt er immer wieder
Gedankenschwer den einz'gen Namen ein,
Und in dem Namen klagen seine Lieder.

Sanft blaut der Himmel, milde Rosen webt
Die Sommerzeit durch mächt'ge Blättermassen.
Er schaut sie nicht; die Zeit, in der er lebt,
Ist alt, verblüht, von allen längst verlassen.

WAS FEHLT DIR, MUTTER?

In frischer Laube ruht ein blühend Weib,
Es glänzt das Laub, die vollen Zweige brechen;
Ein schöner Knabe schmiegt an ihren Leib;
Sie lacht und küßt und lehrt ihn Namen sprechen.

Und auch ein Name, wie sie leis ihn ruft,
Daß ihn der Knabe stammelnd nacherzähle,
Wehmütig zieht, wie abends Lilienduft,
Ein Jugendbild im Flug durch ihre Seele.

Die Träne macht das helle Aug ihr blind,
Versunkne Zeiten steigen auf vom Grabe. –
«Was fehlt dir, Mutter?» koste sie das Kind.
Sie hebt das Haupt: »Nichts, nichts! mein süßer Knabe!«

WAS IST EIN KUSS?

»Was ist ein Kuß?« – Was ist ein Becher Wein?
Und wie sich's reimt? Merk auf, und ich erzähle!
Der Becher ist die Form, der Wein ist seine Seele,
Und dieser Wein kann sehr verschieden sein.

So kannst du deinen Freund und Bruder küssen,
Die Base auch, und sonst, wer weiß, noch mehr.
Solch einen Kuß studier ich just nicht sehr,
Und was drin liegt, das mag ein andrer wissen;

Doch schließt er eines Mädchens Liebe ein,
Solche einem Kuß sind andre zu vergleichen
Wie Gläser Wasser einem Becher Wein
Aus des Tokaiers sonnenheißen Reichen.

ALL MEINE LIEDER

All meine Lieder will ich,
Zum flammenden Herde tragen,
Da soll um sie die rote
Verzehrende Flamme schlagen,
Sie sind ja welke Blüten,
Die keine Früchte tragen –
Was sollen welke Blüten
In frischen Sommertagen.

GOLDRIEPEL

»Was scheust du, mein Gaul! Trag mich hinauf
Zum Schloß, das am gähen Abgrund liegt;
Zur Königsmaid, die der scheußliche Zwerg
In zaubertrüglichen Schlummer wiegt.« –

Doch wieder scheut er und flieget der Gaul;
Da knattern die Fichten, es berstet der Berg;
Zwei blitzende Hämmer in rußiger Faust,
Aus der Spalte wirbelt der scheußliche Zwerg.

»Reiß aus, reiß aus! Der Fels ist mein,
Und der Wald und das Schloß und die Dirne sind mein!
Reiß aus, reiß aus! und stör mich nicht auf,
Weil ich unten haue das Funkelgestein!

Das Funkelgestein und das klingende Gold,
Das schmeiß ich hinauf in den Schoß der Braut;
Drum liebt mich die Dirn, du eitler Gesell!
Goldriepel heiß ich! Jetzt wahr deine Haut!«

Da schwingt er die Hämmer; die blenden und sprühn,
Und der Ritter reißet das Schwert zur Hand:
»Mich schützet die Lieb, die ist teurer als Gold
Und härter und hell als der hellste Demant.«

Langarmige Fichten schlagen darein –
»Rasch an, mein Tier!« Da bäumt sich das Pferd
Hoch auf vor den Hämmern; die blenden und sprühn;
In die leeren Lüfte sauset das Schwert.

»Hei Ritter, mein' Hämmer, die spalten Demant!«
Hell kreischet der Helm. – »Hei, treffen sie gut?« –
Und der Ritter, verwundet, taumelt und wankt:
»O heilige Jungfrau, beschütze mein Blut!«

Da springen die Tore hoch oben im Schloß;
Draus quillt es und strömt es wie himmlischer Schein;
Und drinnen im zaubertrüglichen Schlaf
Ruht die Maid wie lebendiger Marmelstein.

»Mich schützet der Himmel, mich schützet die Lieb!«
Und die Sehnen füllt's ihm mit neuer Gewalt;
Nicht schaut er die Hämmer, die blenden und sprühn.
Hindonnert sein Schwert auf des Zwerges Gestalt.

Und er reißt ihn zum Abgrund und stürzt ihn hinab,
Wo die faule Woge das Scheusal begräbt. –
In des Ritters Armen erwachet die Maid;
Sie küßt ihm die Wunde, sie lächelt und lebt.

MORGENWANDERUNG

Im ersten Frühschein leuchtet schon die Gasse;
Noch ruht die Stadt, da ich das Haus verlasse.
Drei Stunden muß gewandert sein,
Mein Lieb, dann kehr ich bei dir ein!

Noch schläfst du wohl; im kleinen Heiligtume
Bescheint die Sonne ihre schönste Blume.
Der Frühschein streift dein süß Gesicht;
Du lächelst, doch erwachst du nicht.

Und hoch durchs Blau der Sonne Strahlen dringen;
Hoch schlägt mein Herz, und helle Lerchen singen.
Jetzt scheint auch dich die Sonne wach,
Und träumend schaust du in den Tag.

Was konnt die Nacht so Süßes dir bereiten? –
Wie durch die Hand die dunkeln Flechten gleiten,
So sprichst du sinnend Wort um Wort,
Und halbe Träume spinnst du fort.

Die liebe Sonn', was hat sie dir genommen?
Hast du geträumt, du sähst den Liebsten kommen?
– Wach auf, mein Lieb! Schleuß auf die Tür!
Der Traum ist aus, der Liebste hier.

REPOS D'AMOUR

Etude par Henselt

Laß ruhn die Hände! – Gib dich mir!
Schon Dämmer webet durchs Gemach;
Nur deiner Augen glänzend Licht
Ist über meinem Haupte wach.

O laß mich ruhn in deinem Arm!
Fernhin verstummt der wilde Tag –
Ich hör allein dein flüsternd Wort
Und deines Herzens lautern Schlag.

Laß schauernd deiner Blicke Graus
Durch meine tiefste Seele ziehn,
O gib dich mir, gib mir im Kuß,
Dein ganzes Leben gib mir hin!

Und alle bange, sel'ge Lust,
Was in dir lacht und weint und glüht,
Gib mir der Träne süßen Schmerz,
Die brennend durch die Wimper sprüht.

So bist du mein – ob auch der Tod
Zu früh dein blaues Auge bricht,
Du lebst in meiner tiefsten Brust,
Ein ewig liebliches Gedicht.

FRÜHLINGSLIED

Zu des Mädchens Wiegenfeste

Und als das Kind geboren ward,
Von dem ich heute singe,
Der Winter schüttelte den Bart:
»Was sind mir das für Dinge!
Wie kommt dies Frühlingsblümelein
In mein bereiftes Haus hinein?
Potz Wunder über Wunder!«

Doch klingeling! Ringsum im Kreis
Bewegt' sich's im geheimen;
Schneeglöckchen hob das Köpfchen weiß,
Maiblümchen stand im Keimen;
Und durch die Lüfte Tag für Tag,
Da ging ein süßer Lerchenschlag
Weit über Feld und Auen.

Herr Winter! greif Er nur zum Stab!
Das sind gar schlimme Dinge:
Sein weißes Kleid wird gar zu knapp,
Sein Ansehn zu geringe! –
Wie übern Berg die Lüfte wehn,
Da merk ich, was das Blümlein schön
Uns Liebliches bedeute.

LEBWOHL!

Lebwohl, lebwohl! Ich ruf es in die Leere;
Nicht zögernd sprech ich's aus in deinem Arm,
Kein pochend Herz, keine Auge tränenwarm,
Kein bittend Wort, daß ich dir wiederkehre.
Lebwohl, lebwohl! Dem Sturme ruf ich's zu,
Daß er den Gruß verwehe und verschlinge.
Es fände doch das arme Wort nicht Ruh –
Mir fehlt das Herz, das liebend es empfinge.

Als noch dein Lächeln ging durch meine Stunden,
Da kam's mir oft: »Wach auf! es ist ein Traum!«
Nicht fassen konnt ich's – jetzo faß ich's kaum,
Daß ich erwacht und daß ein Traum verschwunden.
Lebwohl, lebwohl! Es ist ein letztes Wort,
Kein teurer Mund wird mir ein andres geben.
Verweht ist alles, alle Lust ist fort –
»Die kurze Lieb, ach, war das ganze Leben!«

Mög deinen Weg ein milder Gott geleiten!
Fernab von mir ist nah vielleicht dem Glück.
Ins volle Leben du – ich bleib zurück
Und lebe still in den verlaßnen Zeiten.
Doch schlägt mein Herz so laut, so laut für dich,
Und Sehnsucht mißt die Räume der Sekunden –
Lebwohl, lebwohl! An mir erfüllen sich
Die schlimmen Lieder längst vergeßner Stunden.

SCHLUSSLIED

Warum ich traure alle Zeit
Und wandle allzeit stumm?
Ich trag im Herz ein stilles Leid
So schwer mit mir herum.

Was hilft's, daß ich dem Gram vertrau,
Der still mein Herze bricht,
Verstehen kannst du's nimmermehr,
Und helfen kannst du nicht.

Verstehen würdst du nimmermehr
Das Leid, das mir geschehn,
Ach, die mein Herz gebrochen hat,
Kann's selber nicht verstehn.

DAS IST DER HERBST

Das ist der Herbst; die Blätter fliegen,
Durch nackte Zweige fährt der Wind;
Es schwankt das Schiff, die Segel schwellen –
Leb wohl, du reizend Schifferkind! – –

Sie schaute mit den klaren Augen
Vom Bord des Schiffes unverwandt,
Und Grüße einer fremden Sprache
Schickte sie wieder und wieder ans Land.

Am Ufer standen wir und hielten
Den Segler mit den Augen fest –
Das ist der Herbst! wo alles Leben
Und alle Schönheit uns verläßt.

WEIT GEREIST VOM NORD ZUM SÜDEN

Weit gereist vom Nord zum Süden
Und zurück von Süd nach Norden;
Ach wie zierlich, wie manierlich,
Ja, der ist ein Mann geworden!
»Grüß Sie Gott!« – »Sie sind sehr freundlich,
Bitte lassen Sie sich nieder!«

Und ich setze mich, und denket!
Er erkannte gleich mich wieder.

JUNGES LEID

Und blieb dein Aug denn immer ohne Tränen?
Ergriff dich denn im kerzenhellen Saal,
Hinschleichend in des Tanzes Zaubertönen,
Niemals ein dunkler Schauer meiner Qual?

O fühltest du's! Nicht länger kann ich's tragen;
Du weißt, das ganze Leben bist du mir,
Die Seligkeit von allen künft'gen Tagen
Und meiner Jugend Zauber ruht auf dir.

In meiner Liebe bist du auferzogen;
Du bist mein Kind – ich habe dich geliebt,
Als fessellos noch deine Locken flogen,
Als deine Schönheit noch kein Aug getrübt.

Ob du dich nimmer nach dem Freunde sehntest,
Der abends dir die schönen Lieder sang,
Indes du stumm an seiner Schulter lehntest,
Andächtig lauschend in den vollen Klang?

O fühl es nimmer, wie Vergangnes quäle!
Doch wirst du's fühlen; weiß ich's doch gewiß
An jedem Funken deiner, meiner Seele,
Gott gab dich mir, als er dich werden hieß.

O kehr zurück, und wandle, was vergangen,
In dunkle Schmerzen der Erinnerung!
Noch blüht dein Mund, noch glühen deine Wangen,
Noch ist mein Herz wie deines stark und jung.

BEGEGNUNG

Das süße Lächeln starb dir im Gesicht,
Und meine Lippen zuckten wie im Fieber;
Doch schwiegen sie – auch grüßten wir uns nicht,
Wir sahn uns an und gingen uns vorüber.

ICH KANN DIR NICHTS, DIR GAR NICHTS GEBEN

Ich kann dir nichts, dir gar nichts geben,
Zu keinem Glück bedarfst du mein;
In fremden Landen wirst du leben,
In fremden Armen glücklich sein.

PECH BEI DER WIDERLEGUNG EINES MORALISTEN

Meine Gläubiger, nun die haben
Schon von selbst mit mir Geduld.
Aber leider steckt im Worte
Schuldner auch das Wörtchen Schuld.

DAS HOHELIED

Der Markt ist leer, die Bude steht verlassen,
Im Winde weht der bunte Trödelkram;
Und drinnen sitzt im Wirbelstaub der Gassen
Das schlanke Kind des Juden Abraham.
Sie stützt das Haupt in ihre weiße Hand,
Im Sturm des Busens bebt die leichte Hülle;
Man sieht's, an dieser Augen Sonnenbrand
Gedieh der Mund zu seiner Purpurfülle.
Die Lippe schweigt; die schwarzen Locken ranken
Sich um die Stirn wie schmachtende Gedanken. –

Sie liest vertieft in einem alten Buch
Von einem König, der die Harfe schlug
Und liebefordernd in den goldnen Klang
Manch zärtlich Lied an Zions Mädchen sang.

SONNTAG ABEND

Historie dozieret er morgen,
War noch nicht präpariert;
Es haben die alten Kumpane
Den jungen Doktor verführt.

Und morgen, da wunderte er sich sehr,
Wie er sprach von der Salamisschlacht,
Er meinte, er sollte erzählen
Die Geschichte der tollen Nacht.

DIE JUNGEN

Sieh, wie vor den alten Kanzlern und Räten
Die Leute sich bücken, gehorsamst betreten!
Pfui, wie sie den grämlichen Alten hofieren!
Will uns denn niemand respektieren? –
Das Haupt entblößt! Respekt, ihr Leut'!
Wir sind die Kanzler der werdenden Zeit.

DU BIST SO JUNG

Du bist so jung – sie nennen dich ein Kind –
Ob du mich liebst, du weißt es selber kaum.
Vergessen wirst du mich und diese Stunden,
Und wenn du aufschaust und ich bin verschwunden,
Es wird dir sein wie über Nacht ein Traum. –

Sei dir die Welt, sei dir das Leben mild,
Mög nie dein Aug gewesnes Glück bekunden!
Doch wenn dereinst mein halberloschnes Bild
Lieb oder Haß mit frischen Farben zeichnen,
Dann darfst du mich vor Menschen nicht verleugnen.

HÖRST DU?

Schlafe du! Wie wär ich gerne,
Wo dein träumend Antlitz glüht!
Schlafe du! Aus weiter Ferne
Lull dich ein mein Schlummerlied.

Schlafe du und schließ die müden,
Schließ die blauen Augen zu!
In des Herzens Kinderfrieden
Schlafe du, schlafe du!

Leb ich auch in weiter Ferne,
Durch die Träume geht das Lied –
Schlafe du! Wie wär ich gerne,
Wo dein träumend Antlitz glüht!

LIEGT EINE ZEIT ZURÜCK

Liegt eine Zeit zurück in meinem Leben –
Wie die verlaßne Heimat schaut sie aus –,
Wohin im Heimweh die Gedanken streben;
Du kennst sie wohl; auch du warst dort zu Haus.

O folge mir, und laß dich heimatwärts
Durch mein Gedicht zu lieben Stunden bringen,
Die alte Zeit mit neu erregten Schwingen
Noch einmal schlagen an dein friedlich Herz!

VIER ZEILEN

Leb wohl, du süße kleine Fee!
Ach, eh ich dich nun wiederseh,
Wieviel Paar Handschuh sind verbraucht,
Und wieviel Eau de Cologne verraucht!

*

Und wenn ich von dir, du süße Gestalt,
In ewiger Ferne bliebe,
Du bliebest mir nah, wie im Busen das Herz,
Wie im Herzen die klopfende Liebe!

*

Jetzt steht du und spielst mit dem Herzchen am Hals,
Rücksinnend vergangene Tage;
Aufleuchtend über dein Antlitz geht
Eine heimlich lächelnde Frage.

*

Entsündige mich! Ich bin voll Schuld,
Doch du bist rein, wie Engel sind;
Zu deinen Füßen sink ich hin,
Du lieblich jungfräuliches Kind!

*

Wer die Liebste sein verloren
Und die Liebe nicht zugleich,
Sucht umsonst an allen Toren
Sein verschwundnes Himmelreich.

*

Wolken am hohen Himmel,
Im Herzen ein tiefer Gram!
Die Sonne ist gegangen,
Noch eh der Abend kam.

*

Und wie du meine Lieder
In diesem Buch sollst finden?
Folg nur dem roten Faden,
Der wird sie dir verkünden.

*

Und so laßt von dieser Stund
Denn das alte Lieben,
Ist euch Herz und Hand und Mund
Übrig doch geblieben!

*

Die Judith konntest du so prächtig
Um ihre alte Keuschheit prellen,
Und wußtest mit der Genoveva
So platterdings nichts aufzustellen.

DURCH DIE LIND' INS KAMMERFENSTER

Durch die Lind' ins Kammerfenster
Steigt der fromme Mondenschein,
Will die rotgeweinten Äuglein
Bleichen wieder klar und rein.

Wieder blühn des Mägdleins Wangen;
Äuglein schlummern klar und still;
Und das Mündlein weiß nicht, ob es
Lächeln, ob es küssen will.

RITTER UND DAME

I

Zu den Füßen seiner Dame
Liebestrunken sitzt der Ritter;
Sprechend blitzen seine Augen,
Schweigend ruhen seine Lippen.

Am Balkone sitzt die Dame,
Eine goldne Schärpe wirkt sie;
Auf den Ritter blickt sie lächelnd,
Und mit hellem Klange spricht sie:

»Denket Ihr auf Tod und Schlachten,
Oder sinnt Ihr Minnelieder?
Wahrlich, Eure stumme Weise
Bleibt mir unerklärlich, Ritter!

Schwört Ihr erst in tausend Briefen,
Tausend unerhörte Dinge
Hättet Ihr für meine Ohren
Und das Herz sei voll zum Springen!

Fleht Ihr erst in tausend Briefen
Um ein heimlich einsam Stündchen!
Wohl, die Stunde ist gekommen –
Redet jetzt von tausend Dingen!«

Und der Ritter bricht das Schweigen:
»Zürnt mir nicht, o Wonnemilde;
Wisset, daß geheimer Zauber
Bleiern mir die Zunge bindet.

Nur ein Wink aus Euren Augen,
Nur ein Wort von Euren Lippen,
Nur Ihr selbst, o meine Herrin,
Könnt den argen Bann bezwingen.«

2

Und zum andern sitzt der Ritter
Seiner Herrin an der Seite;
Von der Schulter glänzt die Schärpe
Als ein freundlich Minnezeichen.

Sieghaft schlingt er seine Arme
Um den Leib des stolzen Weibes,
Unaufhaltsam süße Worte
Schwatzt er, und die Dame schweiget.

Will zu einem halben Wörtchen
Öffnen sie der Lippen Zeile,
Schließt er ihr den Mund mit Küssen,
Und die Dame lauscht und schweiget.

»Süße Herrin, unerklärlich
Bleibt mir Eure stumme Weise!
Wollen Eure roten Lippen
Gleiches zahlen mir mit Gleichem?

Oder lernten diese Lippen
Lieblicher die Zeit vertreiben?
Gar behäglich ist das Schwatzen;
Doch ein andres ist gescheiter.«

Draußen auf den Mandelblüten
Ruht die Nacht im Mondenscheine;
Unaufhaltsam schwatzt der Ritter,
Und die Dame lauscht und schweiget.

Gab sie hin des Blickes Zauber?
Sprach sie aus die Zauberweise?
Doch nicht fürder klagt die Dame
Über ihres Ritters Schweigen.

TRAUMLIEBCHEN

Nachts auf des Traumes Wogen
Kommt in mein Kämmerlein
Traumliebchen eingezogen,
Luftig wie Mondenschein.

Sie ruht auf meinem Kissen,
Sie stört mich auf mit Küssen
Und lullt mich wieder ein.

Glühend um meine Glieder
Flutet ihr dunkles Haar,
Auf meine Augenlider
Neigt sie der Lippen Paar.
»So küß mich, du blöder Schäfer!
Dein bin ich, du süßer Schläfer,
Dein heut und immerdar!«

»Fort, fort aus meinem Stübchen,
Gaukelndes Nachtgesicht!
Ich hab ein eigen Liebchen,
Ein andres küß ich nicht!«
Umsonst, ich blieb gefangen,
Bis auf des Morgens Wangen
Brannte das rosige Licht.

Da ist sie fortgezogen,
Schwindend wie Mondesschein,
Singend auf Traumeswogen
Schelmische Melodein:
»Traum, Traum ist alles Lieben!
Wann bist du treu geblieben?
Wie lang wohl wirst du's sein?«

GESTEH'S!

Gesteh's, es lebt schon einer,
Der dich heimlich geküßt einmal,
Der deinem Kindermunde
Der Lippen Zauber stahl.

Und gäbst du mir alle Liebe
Und liebt' ich dich noch so sehr,
Ich könnte dich nimmer umfangen
Und herzen dich nimmermehr.

Es zieht mich zu dir hinüber
So gewaltsam und liebewarm –
Was bist du so unwiderstehlich schön
Und doch so bettelarm!

HERBSTNACHMITTAG

Halbschläfrig sitz ich im Lehnstuhl;
Vor der Tür auf dem Treppenstein
Schwatzen die Mädchen und schauen
In den hellen Sonnenschein.

Die Braunen, das sind meine Schwestern,
Die Blond' ist die Liebste mein.
Sie nähen und stricken und sticken,
Als sollte schon Hochzeit sein. –

Von fern das Kichern und Plaudern
Und um mich her die Ruh,
In den Lüften ein Schwirren und Summen –
Mir fallen die Augen zu.

Und als ich wieder erwache,
Ist alles still und tot,
Und durch die Fensterscheiben
Schimmert das Abendrot.

Die Mädchen sitzen wieder
Am Tisch im stummen Verein;
Und legen zur Seite die Nadeln
Vor dem blendenden Abendschein.

ZUM 9. SEPTEMBER

Fragt mich einer: Was ist das für'n Mann?
Sechs Ellen Beine, keinen Bauch daran!
    »Ach was, ach was!
    Mein Onkel ist das!
    Mein Onkel!«

Fragt mich ein andrer: Was ist das für'n Gauch?
Hasseldünne Beine und sechs Ellen Bauch!
    »Ach was, ach was!
    Mein Onkel ist das!
    Mein Onkel!«

Rief ich selbst: »Das will ich euch schwörn!
Reden, reden müßt ihr ihn hörn!
    Das ist erst was!
    Mein Onkel ist das!
    Mein Onkel!«

Und das sag ich, solang er tut leben und leiben,
Und viel länger noch soll er mein Onkel bleiben!
    Das ist kein Spaß,
    Das ist erst was!
    Mein Onkel!

DUETT

Tenor und Alt

    Mehr in der Töne Schwellen
    Neigt sich die Seele dir;
    Höher schlagen die Wellen,
    Fluten die Pulse mir.

Fliehen und Wiederfinden,
Wechselnde Melodie!
Laß du die Seele schwinden,
Sterben in Harmonie.

Hörst du den Ruf erklingen,
Rührend dein träumend Ohr?
Weiße blendende Schwingen
Tragen dich wehend empor.

Selig, im Lichte zu schweben
Über den Wolken hoch!
Ließt du das süße Leben,
Kennst du die Erde noch?

Aber zum stillen Grunde
Zieht es hernieder schon;
Heimlich von Mund zu Munde
Wechselt ein leiser Ton.

Fernhin rauschen die Wogen,
Schütze mein pochend Herz!
Schon kommt die Nacht gezogen –
Fühlst du den süßen Schmerz?

RITORNELLE

Maienglocken,
Ich seh euch jetzt verlassen blühn im Garten.
Sonst hieltet ihr euch gern zu braunen Locken.

Blaue Veilchen,
Ich kenn euch, ich lieb euch, ich find euch;
Wartet nur ein Weilchen!

Braune Myrten,
Euch schaut ich an; doch wißt ihr auch,
Wohin die Gedanken irrten?

DEINE LIPPEN SIND ENTZAUBERT

Deine Lippen sind entzaubert,
Ich muß dich meiden von dieser Zeit,
Der zweite Kuß von Mädchenlippen
Besiegelt keine Ewigkeit.

WIR SASSEN VOR DER SONNE

Wir saßen vor der Sonne
Geschützt im schattig Grünen;
Du hieltest in den Händen
Die Blüte der Jasminen.

Du schautest vor dir nieder
Stumm lächelnd auf die Steige;
Dann warfst du mir hinüber
Das blühende Gezweige.

Und fort warst du gesprungen –
Wie ist mir doch geschehen?
So lang hab ich die Blume
Statt deiner nur gesehen? –

Nun hab ich rückgesendet,
Die ich so lang besessen.
Du solltest an der welken
Die lange Zeit ermessen.

Nun blühen die Büsche wieder,
Es drängt sich Dolde an Dolde.
Ich will keine Blätter und Blumen,
Ich will dich selber, die Holde.

AN THEODOR MOMMSEN

Die Welt ist voll von Sommerlüften,
Und ich plädiere im Gericht;
In Aktenstaub und Moderdüften
Versinkt das liebe Sonnenlicht.

So scheidet mich allaugenblicklich
Mein Amt aus dieser Sommerzeit –
Nicht jeder ist, mein Freund, so glücklich
Wie Sie in seiner Tätigkeit.

Wenn Sie in Bummelsehnsuchtsstillung
Sich wärmen nicht im Sonnenlicht,
So schaun Sie als Berufserfüllung
Den schmucken Dirnen ins Gesicht.

AN F. RÖSE

Du neuer Abu Seid, so hast du endlich
Dein eignes Wesen frei ans Licht gestellt
Und wandelst jedermann erkenntlich
Ein deutscher Pilger durch die Welt.

Du Philosoph, Chroniste und Poete,
Und was noch sonst – wohin du immer kannst,
Ich grüß in dir das Liebe, Alte, Stete,
Ich grüße dich, Magister Anton Wanst!

SO LANGE

So lange hab das Knösplein ich
Mit heißen Lippen gehalten,
Bis sich die Blättlein duftiglich
Zur Blume aufgespalten.
So lang hab ich das Kind geküßt,
Bis du ein Weib geworden bist!

INS LIEBE STÄDTLEIN UNVERSEHRT

Ins liebe Städtlein unversehrt
Sind nun die Störche eingekehrt
Und bauen um des Schornsteins Rand
Ihr Nest hoch über allem Land.
Du weißt ja, welch besonderes Heil
Durch solche Gäste wird zuteil.

Was ist auf unserm künft'gen Haus
Das Storchenpaar geblieben aus?
Errätst du wohl den tiefen Sinn? –
Ein Witwer einsam wohnt darin;
Doch denk ich, über Jahr und Tag
Gibt's lustig Klappern auf dem Dach.

AN AUGUSTE VON KROGH

So löst du denn, was früher du verbunden,
Und schließt aufs neu den innigsten Verein.
Nimm das zum Abschied: alle guten Stunden,
Die ich dir danke, sollen mit dir sein.
Doch darfst du nicht so leicht von hinnen gehen,
So leicht erwerben nicht dein neues Glück,
Den Himmel mußt du erst durch Tränen sehen,

Denn viele Liebe läßt du hier zurück.
O daß dir stets ein solcher Wechsel bliebe:
Von der Liebe scheiden, gehen zu der Liebe.

ZUM 5. MAI 1844

Tu auf, tu auf die Äugelein!
Dein Schatz will schauen mal hinein
Und durch die lieben Äugelein
Dir rufen tief ins Herze dein:
Ach wär ich heute bei der Süßen
Der allererste, sie zu grüßen,
Sie tausend-, tausendmal zu küssen
Und ihr zu sagen unausbleiblich,
Wie ich sie liebe unbeschreiblich;
Ach wär ich heute, heute,
Ach heute nur bei dir!

DIE ALTE LUST IST NEU ERSTANDEN

Die alte Lust ist neu erstanden,
Pfingstglocken läuten übers Feld,
Und neu erwacht aus Schlummerbanden
In Liebesschauer rings die Welt;
Und jugendsüße Träume weben
Wie Märchen auf dem alten Stern.
Warum, o mein geliebtes Leben,
O sprich, warum bist du so fern?

STÜND' ICH MIT DIR AUF BERGESHÖH'

Stünd ich mit dir auf Bergeshöh'
In dieser trüben Nacht,
Tief unten Todeseinsamkeit
Und droben Wolkenjagd!

Nur in den Schlünden schwatzte
Der Wind durch die Grabesruh,
Und droben in der wilden Nacht
Alleinzig ich und du! –

Ich wollte dich fest umschlingen
Und küssen aus Herzensgrund,
Und leben und vergehen
Tiefinnig Mund an Mund.

UND WIEDER HAT DAS LEBEN MICH VERWUNDET

Und wieder hat das Leben mich verwundet,
Und Schmerzen brennen in der Brust.
Komm, lege deine zarten Lippen,
Die vielgeliebten, auf mein brennend Aug –
Das kühlt wie junge, frische Rosen.
Darf ich, o du mein süßer Arzt,
An deinen lebensliebewarmen Busen
Die schwere Stirn anlehnen? Darf ich?
Oh, nur auf Augenblicke sollst du
Die unbequeme Last erdulden – küß mich!
O küsse mich und schließ mich fest
In deine jugendlichen treuen Arme
Und halt mich still an deiner jungen Brust,
Als wolltst du mich, wie einst vielleicht dein Kind,
Vor gift'gem Wind und rohen Händen schützen.

AUS SCHLESWIG-HOLSTEIN

(vom 30. Juli)

Das Banner hoch! die weiße Nessel!
Und hoch das blaue Löwenpaar!
Sie sind des Hauses heilig Zeichen
Und unverletzlich immerdar.

Und wo wir festlich uns vereinen,
Die blauen Löwen halten Wacht;
Zu Kränzen winden wir die Nessel
In unsrer Buchen Blätterpracht.

Doch tret getrost auf unsre Schwelle,
Wer uns vertraut und wer getreu;
Nicht brennen wird die weiße Nessel
Und brüllen nicht der blaue Leu.

Das Banner hoch! das Sonnenleuchten
In seine freien Schwingen fällt;
Und daß es rauschend sich entfalte
Und sichtbarlich vor aller Welt.

Vereinigt noch durch manch Jahrhundert
Soll das Geschwisterwappen wehn –
Das Banner hoch! damit wir fühlen,
Daß wir auf *eigner* Erde stehn.

DOCH DU BIST FERN

Doch du bist fern, und meine Jugend muß
Von dir vereinzelt in sich selbst verlodern;
Ich kann dir nicht, wie meine Brust begehrt,
Das Höchste geben und das Höchste fodern.

Kaum darf ich hoffen, daß die späte Zeit
Noch unsre welken Hände mög vereinen,
Damit wir das verlorne Jugendglück
Vereinigt, doch vergebens dann beweinen.

GLÜCKLICH WEM IN ERSTER LIEBE

Glücklich, wem in erster Liebe
Die Geliebte sich ergeben,
Wem sie in der ganzen Fülle
Gab das unberührte Leben.

Sicher wird sie ihn umschließen
In unwandelbarer Liebe,
Und ein Stern ihm wird sie bleiben,
Wird die Welt auch schwer und trübe.

Aber glücklicher sie selber,
Die das seltne Glück errungen,
Daß sie nie um Truggestalten
Zärtlich ihren Arm geschlungen.

Die den frommen Kinderglauben
Ihrer Liebe nicht zerstörte,
Die zugleich schon dem Geliebten
Und sich selber noch gehörte.

AUF DEM HOHEN KÜSTENSANDE

Auf dem hohen Küstensande
Wandre ich im Sonnenstrahl;
Über die beglänzten Lande
Bald zum Meere, bald zum Strande
Irrt mein Auge tausendmal.

Aber die Gedanken tragen
Durch des Himmels ewig Blau
Weiter, als die Wellen schlagen,
Als der kühnsten Augen Wagen,
Mich zur heißgeliebten Frau.

Und an ihre Türe klink ich,
Und es ruft so süß: Herein!
Und in ihre Arme sink ich,
Und von ihren Lippen trink ich,
Und aufs neue ist sie mein.

HEIL DIR, HEIL DIR, HOHER KÖNIG!

Heil dir, heil dir, hoher König!
Nimm den Gruß der Meereswogen!
Dir entgegen silbertönig
Sind wir rauschend hergezogen.

Luft'ge Träume, Zukunftschatten
Gleiten über unsre Wellen;
Schlanke, wuchtige Fregatten,
Die im Flug vorüberschnellen.

Gellend aus den schwanken Tauen
Klingen wunderbare Lieder,
Und von ihren Borden schauen
Helle Augen zu uns nieder.

Mähneschüttelnd, silberrändig
Tauchen auf die Wellenrosse,
Drunten wieder frisch lebendig
Wird es im kristallnen Schlosse.

Frohes, ahnungsvolles Leben,
An der Krone Glanz entzündet,
Freude hast du uns gegeben
Und aufs neu das Reich gegründet.

Rauschend sind wir hergezogen,
Dir entgegen, silbertönig.
Heil dir, heil dir, Meereskönig!

ICH LIEBE DICH

Ich liebe dich, ich treibe Kinderpossen,
Du lächelst nur, was dir so reizend läßt;
Ist denn das Märchenreich, das uns umschlossen,
Der Kindheit letzter, wunderbarer Rest?

NACHTS

Wie sanft die Nacht dich zwingt zur Ruh,
Stiller werden des Herzens Schläge;
Die lieben Augen fallen dir zu,
Heimlich nur ist die Sehnsucht rege.
Halbe Worte von süßem Bedeuten
Träumerisch über die Lippen gleiten.

ICH BIN MIR MEINER SEELE

Ich bin mir meiner Seele
In deiner nur bewußt,
Mein Herz kann nimmer ruhen
Als nur an deiner Brust!
Mein Herz kann nimmer schlagen
Als nur für dich allein.
Ich bin so ganz dein eigen,
So ganz auf immer dein. – –

DU HAST SIE, HERR, IN MEINE HAND GEGEBEN

Ich betete:
Du hast sie, Herr, in meine Hand gegeben,
Dies treue Herz an meine Brust gelegt,
Du hast ihr friedlich, kindlich heiteres Leben
Durch meines Lebens trüben Ernst bewegt.

Drum wolle, Herr, so viel des Glückes geben,
Daß nicht zu sehr die Sorge Raum gewinnt,
Daß der Geliebten anspruchsloses Leben
An meinem Herzen friedlich still verrinnt.

Der Herr sprach:
Ich wandle meiner Weisheit ew'ge Wege,
Von mir beschrieben ist jedwede Bahn;
Wie du gebeten, kann's erfüllt nicht werden,
Doch wie's erfüllt wird, ist es wohlgetan!

Du sollst verwehen wie die Spreu im Winde,
Und sie soll weinen, lang in bitterm Schmerz.
Doch auch verrinnen sollen diese Tränen,
In mild Vergessen tauchen sie ihr Herz.

Und wenn sie dann das matte Haupt erhebet,
Soll sie erblicken sanften Sonnenschein;
Zwei helle Augen will ich ihr entzünden
Und neuer Liebe herzlichen Verein. –

Wie du gebeten, kann's erfüllt nicht werden,
Doch wie's erfüllt wird, ist es wohlgetan.
Drum sorge nicht! Wenn lange du verschollen,
Bricht ihres Glückes später Morgen an.

LIEGST WOHL NOCH IM TRAUM BEFANGEN

Liegst wohl noch im Traum befangen,
Hast im Traume mein gedacht.
Denn so früh ist noch die Stunde,
Kaum entwich die lange Nacht.
Um mich her noch in der Kammer
Webt ein nächtlich Dämmergrau –
Oh, wie muß ich dein gedenken,
Süße, heißgeliebte Frau!

HAST DU MEIN HERBES WORT VERGEBEN?

Hast du mein herbes Wort vergeben?
Oh, schaue wieder lieb und hell!
An deinem Lächeln hängt mein Leben;
Du kannst mir Wohl und Wehe geben,
Dein Herz ist meines Lebens Quell!

ZUR SILBERNEN HOCHZEIT

Aus einem Festspiel

Er: Musik ist alles, alles um mich her!
Tautropfen schlüpfen leis von Blatt zu Blatt,
Und durch die Gräser streift ein zarter Laut,
Wie Harfensäuseln träumerisch und weich.
Durch jeden Strauch, durch alle Wipfel rieseln
Ungreifbar leise, halberwachte Stimmen,
Und schwinden hin, und tauchen wieder auf.
In tiefem Zauber sind wir rings befangen,
In Liebesträumen schauert die Natur,
Die Zeit steht still –

Sie: O wie du träumst, mein Freund!
Ich fühl den Nachtwind meine Locken streifen,
Und Rosendüfte schwimmen rasch vorüber;
Die Nachtigall verstummt, die Sterne wandeln,
Der Morgen dämmert – –

Er: O wie schön du bist!
Der Nachttau hängt in deinen braunen Locken,
Dein Auge leuchtet gleich dem Stern der Nacht!
Wie schön du bist! Kaum wag ich zu erkennen,
Ist es dein Antlitz, das so lieblich schaut,
Ist es die Seele – beide sind so gleich,
Daß eines nur das Spiegelbild des andern.

So bist du ewig!

Sie: Ewig bin ich dein!

SPRICH, BIST DU STARK

Sprich, bist du stark, wenn schon mein Leben brach
Und nur nicht scheiden kann von deinen Blicken,
Das Auge, das von deiner Liebe sprach,
Auf Nimmerwiedersehen zuzudrücken?

Und bist du stark, was sonst das Herz verführt,
Wenn es sich schmeichelnd, zwingend dargeboten,
Dir stets zu weigern fest und unberührt
Und jungfräulich zu hangen an dem Toten?

Und bist du stark, daß durch den trüben Flor,
Daß durch die Einsamkeit mühsel'ger Jahre
Wenn dein Gedächtnis schon mein Bild verlor,
Doch unsre Liebe noch dein Herz bewahre?

AN DIESEN BLÄTTERN MEINER LIEBE

An diesen Blättern meiner Liebe hangen
Deine süßen Augen mit Innigkeit –
Sprich! Bangt dir vor keiner Zeit,
Wo du sie weit,
Weit weg aus deiner Nähe könntst verlangen?
Wo du Vergessenheit,
Vergessenheit für alles könntst verlangen,
Was jetzt dir lieb?
Für diese Hand, die dir die Lieder schrieb,
Für diese Stunde, die dann längst vergangen?

DU HEISSERSEHNTE

Du Heißersehnte, gute Nacht!
Der Mond allein hält draußen Wacht;
Sonst schlummert alles in den ew'gen Räumen.

Mein einsam Bette ist gemacht –
Du Heißersehnte gute Nacht!
Wann kommt die Zeit, um Brust an Brust zu träumen?

GASEL

Du weißt es, wie mein ganzes Herz allein durch deine Milde
lebt,
Du weißt es, wie mein ganzes Herz allein in deinem Bilde
lebt;
Denn wie die Schönheit nimmer schön, die nicht der Seele
Atem kennt,
Wie durch des Lichtes Kraft allein der Zauber der Gefilde
lebt,
So ist das Leben nicht belebt als durch der Liebe Sakrament;
Das fühlet, wer die Liebe fühlt, wer unter ihrem Schilde lebt.
Ich aber, der die liebste Frau sein unverlierbar Eigen nennt,
Ich fühle, wie die ganze Welt allein in ihrem Bilde lebt.

JASMIN UND FLIEDER BLÜHEN

Jasmin und Flieder blühen,
Es ist die schönste Zeit,
Ich aber fühle schlimmer
Als je die Einsamkeit.

LASS MICH ZU DEINEN FÜSSEN LIEGEN

Laß mich zu deinen Füßen liegen,
Laß mich dich anschaun immerdar,
Laß mich in den geliebten Zügen
Mein Schicksal lesen mild und klar,
Damit ich fühle, daß auf Erden
Die Liebe noch zu finden ist,
Damit ich fühle, daß die Liebe
Um Liebe noch die Welt vergißt.

JUNI

Leichtherzig ist die Sommerzeit!
Getändelt wird, geküßt, gefreit,
Ein Kränzel auch wohl wird gemacht,
An Hochzeit nimmer gern gedacht.

NACHTS

Sternenschimmer, Schlummerleuchten
Hat nun rings die Welt umfangen;
Eingewiegt in tiefen Frieden
Schläft der Menschen Hast und Bangen.

Nur die seligen Engel wachen,
Leise durch den Himmel schwebend,
Alle, die hier unten schieden,
An die reinen Herzen hebend.

Und mir ist, als müßt ich einstens
Nach der letzten Not auf Erden
Tief befriedet, kinderselig
So von dir getragen werden.

FEBRUAR

O wär im Februar doch auch,
Wie's andrer Orten ist der Brauch,
Bei uns die Narrheit zünftig!
Denn wer, so lang das Jahr sich mißt,
Nicht einmal herzlich närrisch ist,
Wie wäre der zu andrer Frist
Wohl jemals ganz vernünftig.

WIE WENN DAS LEBEN WÄR NICHTS ANDRES

> Natur, du kannst mich nicht vernichten,
> Weil es dich selbst vernichten heißt.
>
> *Hebbel*

Wie wenn das Leben wär nichts andres
Als das Verbrennen eines Lichts!
Verloren geht kein einzig Teilchen,
Jedoch wir selber gehn ins Nichts!

Denn was wir Leib und Seele nennen,
So fest in eins gestaltet kaum,
Es löst sich auf in Tausendteilchen
Und wimmelt durch den öden Raum.

Es waltet stets dasselbe Leben,
Natur geht ihren ew'gen Lauf;
In tausend neuerschaffnen Wesen
Stehn diese tausend Teilchen auf.

Das Wesen aber ist verloren,
Das nur durch ihren Bund bestand,
Wenn nicht der Zufall die verstäubten
Aufs neu zu einem Sein verband.

ROTE ROSEN

Wir haben nicht das Glück genossen
In indischer Gelassenheit;
In Qualen ist's emporgeschossen,
Wir wußten nichts von Seligkeit.

Verzehrend kam's in Sturm und Drange;
Ein Weh nur war es, keine Lust!
Es bleichte deine zarte Wange
Und brach den Atem meiner Brust.

Es schlang uns ein in wilde Fluten,
Es riß uns in den jähen Schlund;
Zerschmettert fast und im Verbluten
Lag endlich trunken Mund auf Mund.

Des Lebens Flamme war gesunken,
Des Lebens Feuerquell verrauscht,
Bis wir aufs neu den Götterfunken
Umfangend, selig eingetauscht.

MYSTERIUM

»Die letzte Nacht, bevor wir scheiden,
Dann, doch nicht eher, bin ich dein.
Gib mir die Hand! Du sollst nicht klagen,
Ich will nichts mehr für mich allein.«

Sie sprach's. Und endlich kam die Stunde,
Und nur die Sterne hielten Wacht;
Nur zweier Herzen tiefes Schlagen
Und nur der Atemzug der Nacht.

Kein Ungestüm und kein Verzagen;
Sie löste Gürtel und Gewand
Und gab sich feierlich und schweigend
Und hülflos in der Liebe Hand.

Er hielt berauscht an seinem Herzen
Die Rose ihres Angesichts.
»So laß mich nun die Welt beschließen!
Nach dieser Stunde gibt sie nichts.«

Sie aber weinte, daß in Tränen
Ihr leidenschaftlich Herz zerging;
Sie dachte nichts, als daß zum Scheiden
Sie jetzt in seinen Armen hing.

Sie bebte bei der Glocken Schlagen
Und schloß sich fest an seine Brust;
Und in den Schmerz der künft'gen Stunden
Warf sie des Augenblickes Lust.

Sie wußte nicht, es war vergessen,
Daß sie begehrt und hülfelos
Lag mit den jungfräulichen Gliedern
In des geliebten Mannes Schoß.

Als er ein Weib umarmen wollte,
Lag sanft entschlummert, atmend lind,
An seinem tiefbewegten Herzen
Ein blasses, müdgeweintes Kind.

ICH HAB AUF DEINE STIRN GEGOSSEN

Ich hab auf deine Stirn gegossen
Den milden Hauch der Poesie,
Und deine lieblichsten Gedanken,
Ich tauchte sie in Melodie.

Was suchst du auf der weiten Erde,
Was doch nur meine Brust dir gibt,
Wie könntest du es je vergessen,
Daß du den Dichter einst geliebt.

O schweife nicht ins Grenzenlose,
In meinem Herzen ruht der Schatz,
Und sieh, an deiner Schläfe dämmert
Der Schatten eines Efeublatts.

MAI

Die Kränze, die du dir als Kind gebunden,
Sie sind verwelkt und längst zu Staub verschwunden;
Doch blühn wie damals noch Jasmin und Flieder,
Und Kinder binden deine Kränze wieder.

DEN TEUREN NAMEN TRÄGT DIES BUCH

Den teuren Namen trägt dies Buch,
Für den jetzt unsre Herzen bangen.
Es kommt vielleicht zum letzten Mal,
Drum sei es gut von dir empfangen!
Von mir auch bringt's ein seltsam Stück,
Das ist aus Träumen ganz gesponnen,
Das hab ich in der Sommerzeit
Beim warmen Sonnenschein ersonnen.
Nun magst du, weil es Winter ist,
Den warmen Sitz am Ofen wählen,
Und wenn zu lesen du beginnst,
Beginn sofort ich zu erzählen.

AGNES

Die Türe klang, und sie erschien
Urplötzlich wie ein reizend Wunder;
Zum Gruß mir gab sie beide Hände hin
Und ließ sich dann den leichten Mädchenplunder
Stummlächelnd von den Schultern ziehn.
Ihr Bruder war gekommen über Nacht;
Der hatt ein golden Armband ihr gebracht!
Das war das erste, was sie mir erzählte.
Ich sah es wohl, getroffen war es just;
Sie strahlte ganz in frischer Kinderlust,
Ein lieblich Rätsel, das doch nichts verhehlte.
Sie plauderte; ich aber dachte immer:
Nur wissen möcht ich, wie sie fühlt,
Daß um ihr Antlitz solch ein Schimmer
Von unbewußter Anmut spielt.

VOM STAATSKALENDER

Gestern war er noch ein Lump,
Gestern lebt' er noch auf Pump;
Heute trägt er, frei von Kummer,
Eine Staatskalendernummer.

BEGEISTERUNG IST SCHÖN IN JUNGEN TAGEN

Begeisterung ist schön in jungen Tagen,
Und ohne sie ist Jugend trostlos öde;
Doch kann sie nicht euch bis ans Ende tragen,
So war es dennoch nur ein leer Gerede.

WO WARD EIN TRAUM ZUR WELT GEBOREN

Wo ward ein Traum zur Welt geboren,
Wie du verkörpert mir erschienst;
Wo gab, in solchen Reiz verloren,
Ein Herz sich in des andern Dienst!

So elfenhaft, so süß gegliedert
Ward noch kein irdisch Weib geschaut;
Mit solcher Stimme Klang erwidert
Hat nimmer eine Erdenbraut.

Und doch – an meinem Herzen hielt ich
Die Rose dieses Angesichts;
In meinem Arm gefangen fühlt ich
Dies Schwesterkind des Mondenlichts.

Wohl warnt mein Herz, es kann nicht dauern,
Dies Sternenglück, das dich gebracht;
Vergehen wird's in Morgenschauern
Wie Blumenduft der Sommernacht.

Und schlug die Stunde, wo auf Erden
Dein holdes Bildnis sich verlor,
Dann wird es niemals wieder werden,
So wie es niemals war zuvor.

IN SOPHIES ALBUM

Wär ich ein junges Mägdelein
Und hätte so ein lieb Gesicht,
Das Lieben wollt ich lernen,
Aber anderes nicht.

Das Lieben ist eine schwere Kunst,
Und sind so viele Pfuscher drin;
Nur wenn du sie mit Ernst studierst,
Wirst du in ihr zur Meisterin.

ES LIEGEN WALD UND HEIDE

Es liegen Wald und Heide
Im stillen Sonnenschein.
Wir hätten gerne Frieden;
Doch ist es nicht beschieden,
Gestritten soll es sein.

Nun gilt es zu marschieren
In festem Schritt und Tritt:
Der Krieg ist losgelassen,
Er schreitet durch die Gassen,
Er nimmt uns alle mit!

So leb denn wohl, lieb Mutter!
Die Trommel ruft ins Glied.
Mir aber in Herzensgrunde
Erklingt zu dieser Stunde
Ein deutsches Wiegenlied.

ICH HAB EIN TÖRICHT HERZE

Ich hab ein töricht Herze,
Es denkt: wenn noch so spät,
Es muß ein Wind sich heben,
Der wieder nach Hause weht;

Und spricht mein Kopf mit Seufzen,
Daß niemals das geschicht,
Ich hab ein töricht Herze,
Es glaubt dem Kopfe nicht.

ZUR ERZIEHUNG

1

Nimm nun, Pflaum' oder Pfirsich! Ich gebe dir gänzlich die
      Wahl; doch
Nimmst du den Pfirsich, paß auf, was dir zu Mittag geschieht!

2

Freilich nur nach Gewissen und gänzlich nach Überzeugung!
Riet' ich ein anderes dir, gut nicht wär es fürwahr.
Aber bedenk's, ich bin hier sehr – sehr anderer Meinung;
Und – daß du meiner bedarfst, hoffentlich weißt du es doch!

3

Also lasset uns nun die Kinder und Jungen erziehen,
Und sie werden gewiß paßlich für allerlei Dienst.

GEH SCHLAFEN, HERZ!

Geh schlafen, Herz! Sie kommt nicht mehr,
Dereinst wohl wäre sie gekommen;
Doch hat die Zeit, wie manches sonst,
Auch dieses mir dahingenommen.

15. SEPTEMBER 1857

Hab ich ein Leides dir getan,
Du klagst mich bei mir selber an;

Gibst dich, bis alles wieder gut,
In deines bösen Mannes Hut,

Und läßt mit stillem Wort nicht ab,
Bis ich gerecht gerichtet hab.

AN FRAU SCHLÜTER

Wer arme Brüder gern erquickt
Und wer Poeten Kuchen schickt,
Wird neben Liebe, Lenz und Wein
Von ihnen stets gefeiert sein.

GERN SCHLIESS ICH EINMAL MEINE TÜREN

Gern schließ ich einmal meine Türen,
Um auf des Nachbars Grund zu gehn;
Doch muß ich deutlich dort verspüren
Den Duft des Kräutleins »Gerngesehn«.

WIDMUNG

An Fritz Stuhr

Als der wackre Schulmeister zu Stapel einst
Kritisiert meine erste Prosa,
Da fiel auf dich, den Unschuldigen, auch
Ein Rutenhieb sub rosa.

Doch wir reiten nicht mehr auf den Jahrmarkt jetzt,
Wie wir in der Jugend taten;
Und ich werde nicht mehr ein idyllisches Glück
Im »Dithmarscher Boten« verraten.

Es ist vielleicht eine letzte Frucht,
Doch nimmer die erste Blüte,
Was ich aus altem Herzensdrang
In den wenigen Blättern dir biete.

Auch findet es schwerlich seinen Weg
In des Dorfschulmeisters Klause;
Man kennt mich hier außen besser jetzt
Als, leider Gottes, zu Hause.

DIE FREMDE SPRACHE

Die fremde Sprache schleicht von Haus zu Haus,
Und deutsches Wort und deutsches Lied löscht aus;
Trotz alledem – es muß beim alten bleiben:
Die Feinde handeln, und die Freunde schreiben.

UND HABEN WIR UNSER HERZOGLEIN

Und haben wir unser Herzoglein
Nur erst im Lande drinnen,
Dann wird, mir kribbelt schon die Faust,
Ein ander Stück beginnen.

Der Junker muß lernen den schweren Satz,
Daß der Adel in unsern Zeiten
Zwar allenfalls ein Privatpläsier,
Doch sonst nichts hat zu bedeuten.

Insonders lerne Hinz und Kunz
– Und das ist ein Stück, ein hartes –,
Daß diese hochhinschauenden Herrn
Sind keineswegs was Apartes.

Denn lernen Hinz und Kunz das nicht,
So wird's beim alten bleiben;
Nur wenn kein Mensch daran mehr glaubt,
Läßt sich der Spuk vertreiben.

1864

Ein Raunen erst und dann ein Reden;
Von allen Seiten kam's herbei,
Des Volkes Mund ward laut und lauter,
Die Luft schlug Wellen von Geschrei.

Und die sich stets entgegenstemmen
Dem Geist, der größer ist als sie,
Sie waren in den Kampf gerissen
Und wußten selber kaum noch wie.

Sie standen an den deutschen Marken
Dem Feind entgegen unverwandt,
Und waren, eh sie es bedachten,
Das Schwert in ihres Volkes Hand.

ANTWORT

Nun ist geworden, was du wolltest;
Warum denn schweigest du jetztund?
– Berichten mag es die Geschichte,
Doch keines Dichters froher Mund.

EIN LEIB UND EINE SEELE

Ein Leib und eine Seele, die wir waren,
Kann ich von deinem Tode nicht genesen;
Wie du zerfällst einsam in deinem Grabe,
So fühl ich mich, mein Leben, mit verwesen.

GRÖSSER WERDEN DIE MENSCHEN NICHT

Größer werden die Menschen nicht;
Doch unter den Menschen
Größer und größer wächst
Die Welt des Gedankens.
Strengeres fodert jeglicher Tag
Von den Lebenden.
Und so sehen es alle,
Die zu sehen verstehn,
Aus dem seligen Glauben des Kreuzes
Bricht ein andrer hervor,
Selbstloser und größer.
Dessen Gebot wird sein:
Edel lebe und schön,
Ohne Hoffnung künftigen Seins
Und ohne Vergeltung,
Nur um der Schönheit des Lebens willen.

IN DAS PILGERBUCH DES PFARRERS PETER OHLHUES

Ein gut Stück gingen wir zusammen,
Dann trennten unsre Wege sich.
Und wie ich dieses Buch durchblättre,
Unheimlich dünket die Gesellschaft mich;

Und dennoch heimelt es mich an
Hier im Bezirke deiner Wände,
Drum tue jeder, was er kann,
Und alte Jugendfreundschaft bis ans Ende!

WELT-LAUF

Wer der Gewalt genüber steht
In Sorgen für der Liebsten Leben,
Der wird zuletzt von seinem Ich
Ein Teil und noch ein Teilchen geben.
Und dürstet er nach reinster Luft,
Er wird zuletzt ein halber Schuft.

DEM HOFE ATTACHIERT

Sie soll nun in den Himmel gehn
Und bei den Engeln wohnen.
»Entfernt nun«, haucht sie, »alles mir
Aus niedern Regionen!
Legt mir aufs Herz den alten Strumpf,
Der mich fünfzig Jahre beglückt hat,
Den einst, unglaublich, aber wahr,
Ihro Durchlaucht selber gestrickt hat.«

NACHTGEBET

Min Oogen will ick sluten,
De Welt lat ick dabuten;
Und dat ick nich alleene si,
Min leeve Gott, komm Du to mi!

AM FENSTER LEHN ICH

Am Fenster lehn ich, müd verwacht.
Da ruft es so weithin durch die Nacht. –

Hoch oben hinter Wolkenflug
Hinschwimmt ein Wandervogelzug.

Sie fahren dahin mit hellem Schrei
Hoch unter den Sternen in Lüften frei.

Sie sehn von fern den Frühling blühn,
Wild rauschen sie über die Lande hin.

O Herz, was ist's denn, das dich hält?
Flieg mit, hoch über der schönen Welt!

Dem wilden Schwarm gesell dich zu;
Vielleicht siehst auch den Frühling du!

Dann gib noch einmal aus Herzensdrang
Einen Laut, ein Lied, wie es einstens klang!

WAS FÜR MEIN KURZES ERDENLEBEN

Was für mein kurzes Erdenleben
An Liebe beschieden mir,
Das ist, so wie es einst gekommen,
Verschwunden auch mit dir.

AN EMILIE PETERSEN

Die jungen Rosen sind gewiß
Meine jungen Freundinnen beide,
In voller Blüte stehen sie
Und leuchten ganz in Freude.

Die weiße, die im Schatten liegt,
Möcht ich für mich erlosen,
Schimmert es hold herüber doch
Von den jungen roten Rosen.

CONSTANZE

1

Längst in das sichere Land der Vergangenheit warst du
        geschieden;
Nun, wie so viele zuvor, dämmerte wieder ein Tag.
Laut schon sangen die Schwalben; da neben mir krachte das
        Bettchen,
Und aus dem rosigen Schlaf hob sich ein Köpfchen empor.
»Ebbe!« so rief ich, »klein Ebbe!« – Da kniete sie schon in den
        Kissen;
Aber geheimnisvoll blickten die Augen mich an.
»Ebbe?« frug sie zurück, und leis aus innerstem Herzen
Klang's wie ein Lachen herauf: »Elschen hieß ich ja sonst!
Wer doch nannte mich Elschen?« Da plötzlich fiel es wie
        Schatten
Über das Kindergesicht; trüb sich umflorte das Aug.
»Ja, wer nannte dich so?« – Und zögernd kamen die Worte:
»Meine Mutter.« Und still senkte das Köpfchen sich nun.
Lange kniete sie so. Den sterblichen Augen unfaßbar –
War sie dem Kinde genaht, die mich so lange beglückt?

2

Nicht dem Geliebten allein, wie vielen warst du entrissen!
Glaubten die Freunde doch kaum, ohne dich blühe die Welt. –
Deine geliebten Rosen, ach, dreimal blühten sie wieder,
Und deinen Namen wie lang hab ich von keinem gehört.
Rastlos wandert die Zeit, in den Augen der Kinder verdämmert
Mählich dein Bild, und bald – wer noch wüßte von dir!
Denn so schwindet der Menschen Gedächtnis: Siehe, noch
        einmal,
Höher als je zuvor, hebt es die spiegelnde Flut;
Scheidender Abendstrahl der Sonne verklärt es noch einmal;
Doch wie die Welle verrauscht, nimmt und begräbt es die Nacht.

NUR HEUTE IST

Nur heute ist, und morgen ist zu spät!
Hast du ein Weib, so nimm sie in den Arm
Und hauch's ihr ein, daß sie es auch versteht.

Fällt auf ihr Antlitz dann des Abgrunds Schein,
Der heut noch oder morgen euch begräbt,
Getrost! nur um so schöner wird sie sein.

Und bebt ihr Herz, dann halte sie so fest,
Daß ihr zusammen in die Tiefe stürzt.
Was wollt ihr mehr! – Und Schweigen ist der Rest.

CORNUS SUECICA

Eine andre Blume hatt ich gesucht –
Ich konnte sie nimmer finden;
Nur da, wo zwei beisammen sind,
Taucht sie empor aus den Gründen.

WIEDERKOMMEN BRINGT FREUD

»Wiederkommen bringt Freud« –
So schrieb in längst erblühtem Mai,
Du kannst es lesen, es steht dabei,
Eine Braut ihrem Bräutigam.

Die Braut nicht wurde sein Weib –
Er hat gelebt, ein einsamer Mann.
Aus seinem Nachlaß kaufte ich dann
Das Buch mit dem hoffenden Wort.

Nun geb ich's dir, mein Kind –
Es trägt dies Blatt ein Menschengeschick;
Wir aber hoffen noch auf Glück –
Ja, Wiederkommen bringt Freud.

AN ERICH SCHMIDT

Ich habe deine Hand gefaßt
Und werde suchen sie zu halten;
Mein junger Freund, ich hoffe fest,
Du wirst noch einer von den alten.

ZU MUTTERS GEBURTSTAG

Mit einem Rosenstrauß

Du und dein Sohn,
Sie sind beide schon alt;
Doch blühen noch Rosen,
Und das Herz ist nicht kalt.

FRIEDLOS BIST DU

Friedlos bist du, mein armer Sohn,
Und auch friedlos bin ich durch dich.
Wären wir, wo deine Mutter ist,
Wir wären geborgen, du und ich.

Sie legte wohl um ihr verirrtes Kind
– Wenn die Toten nicht Schatten bloß –
Schützend und warm ihren Mutterarm
Und nähme dein Haupt in den Schoß.

AN HANS

Bald schon liegt die Jugend weit,
Komm zurück, o noch ist's Zeit!
Seitab wartend steht das Glück –
Noch ist's Zeit, o komm zurück!

DIE LIEBE

Die Liebe,
Welch lieblicher Dunst;
Doch in der Ehe,
Da steckt die Kunst.

DER WEG WIE WEIT!

Der Weg wie weit! Doch labend
Daheim die Ruh!
Und zwischen Nacht und Abend
Geliebte du!

WAS LIEBE NUR GEFEHLET

Was Liebe nur gefehlet,
Das bleibt wohl ungezählet;
Das ist uns nicht gefehlt.

WIDMUNG

An Frau Do

Du fragst: »Warum? – Was uns zusammenhält,
Was soll damit, was kümmert das die Welt?«
– »Ich denke: nichts, und doch, die Lust fühlt ich entbrennen,
Den lieben Namen laut vor ihr zu nennen.«

WIDMUNG

An Erich Schmidt

Du gehst im Morgen-, ich im Abendlicht –
Laß mich dies Buch in deine Hände legen;
Und konnt ich jemals dir das Herz bewegen,
Vergiß es nicht.

INSCHRIFT

zu meinem Buch »Vor Zeiten«

Das war zu Odysseus' Tagen,
Da tat es ein Hammel gut;
Sollen itzt sie dir Rede schenken,
Du mußt sie wahrhaftig tränken
Mit deinem eigenen Blut.

ES KOMMT DAS LEID

Es kommt das Leid,
Es geht die Freud;
Es kommt die Freud,
Da geht das Leid –
Die Tage sind nimmer dieselben.

IM VOLKSTON

Ein schwarzbraunes Mädel,
So flink wie 'ne Katz,
Das hätt gern ein jeder,
Doch keiner noch hat's.

Ei, lauf nur! Die Zeit
Folgt dir doch auf den Fuß,
Wo du denkst, daß ein jedes
Gehabt werden muß.

AN WILHELM JENSEN

Es ist der Wind, der alte Heimatslaut,
Nach dem das Kind mit großen Augen schaut,

Bei dem es einschläft, wenn er weitersummt,
Der es erweckt, wenn jählings er verstummt;

Bei dessen Schauern Baum und Strauch erbebt
Und tiefer in den Grund die Wurzeln gräbt –

Was bist du anders denn als Baum und Strauch?
Du keimst, du blühst und du verwelkest auch!

IN SCHWERER KRANKHEIT

Nun schließ auch du die Augen zu,
Geh Phantasie und Herz zur Ruh!
Ein Licht lischt nach dem andern aus –
Hier stand vordem ein Schauspielhaus.

EIN LEICHENSTEIN

darauf der Tod mit stark gezahnten Kiefern

Dat is de Dod, de allens fritt,
Nimmt Kunst un Wetenschop di mit;
De kloke Mann is nu vergahn –
Gott gäw' em selig Uperstahn!

HALBE ARBEIT

Leibeigenschaft war nur der Rumpf,
Nur halb erlegte man den Drachen,
Der noch aus dem feudalen Sumpf
Zu uns herüberreckt den Rachen;
Behalten blieb es bessern Tagen,
Das freche Haupt herabzuschlagen.

BEIM PFÄNDERSPIEL

»A vous, comtesse!« Sie schien es nicht zu hören.
Vom Staube unserer Geselligkeit
War offenbar ihr Geist seit langer Zeit
Entflohn zu höheren Gesellschaftssphären. –
Als sie sich wiederfand bei unsern Spielen,
Stand unverkennbar in den matten Zügen
Das rein aristokratische Vergnügen,
Sich mitten im plaisir toute déplacée zu fühlen.

VERZEICHNIS DER GEDICHTÜBERSCHRIFTEN

Abends (Die Drossel singt)	153
Abends (Warum duften die Levkojen)	20
Abschied	64
Abschied. Mit Liedern (1, 2)	120
Abseits	10
Agnes	191
All meine Lieder	155
Am Aktentisch	44
Am Fenster lehn ich	199
Am Geburtstage	69
An Agnes Preller	93
An Auguste von Krogh	175
An die entfernte M.	128
An die Freunde	108
An diesen Blättern meiner Liebe	184
An eine weibliche Maske	143
An einem schönen Sommerabend	125
An Emilie Petersen	200
An Emma	125
An Erich Schmidt	203
An F. Röse	174
An Frau Schlüter	195
An Hans	204
An Klaus Groth	91
An meine Künftige	138
An Theodor Mommsen	174
An Wilhelm Jensen	206
Antwort	197
April	49
Auf dem hohen Küstensande	179
Auf dem Segeberg	66
Auf Wiedersehen	150
August	50

Aus der Marsch	44
Aus Schleswig-Holstein	177
Bald ist unsers Lebens Traum zu Ende	126
Begegnung	162
Begeisterung ist schön in jungen Tagen	191
Beginn des Endes	84
Begrabe nur dein Liebstes!	90
Beim Pfänderspiel	207
Bettlerliebe	113
Blumen	77
Blumenduft vom Nachbarfenster	151
Brutus' Gespenst	148
Constanze (1, 2)	201
Cornus suecica	202
Crucifixus	66
Dahin!	147
Damendienst	109
Dämmerstunde (Im Nebenzimmer)	118
Dämmerstunde (Im Sessel du)	22
Das Edelfräulein seufzt	78
Das Harfenmädchen	114
Das Hohelied	162
Das ist der Herbst	160
Das Mädchen mit den hellen Augen	107
Deine Lippen sind entzaubert	173
Dem Hofe attachiert	199
Den teuren Namen trägt dies Buch	190
Der Bau der Marienkirche zu Lübeck	130
Der Beamte	83
Der Lump	81
Der Sänger beim Mahle	139
Der Weg wie weit!	204
Der Zweifel	48
Des Alten Traum	133

Des Kindes Gebet 140
Die alte Lust ist neu erstanden 176
Die Flöhe und die Läuse 127
Die fremde Sprache 196
Die Herrgottskinder 106
Die Julisonne schien auf ihre Locken 151
Die Jungen 163
Die Kinder (1, 2) 34
Die Kleine 31
Die Liebe..................................... 204
Die Möwe und mein Herz........................ 132
Die Nachtigall 14
Die neuen Fiedellieder (1–10)..................... 94
Die Ruhestörerin 148
Die Stadt...................................... 12
Die Stunde schlug 19
Die Zeit ist hin 23
Doch du bist fern 178
Du bist so jung 163
Du hast sie, Herr, in meine Hand gegeben 181
Du Heißersehnte 185
Du schläfst 24
Du warst es doch 69
Du willst es nicht in Worten sagen 21
Duett 171
Durch die Lind' ins Kammerfenster 166

Ein Epilog 59
Ein Golem 40
Ein Grab schon weiset manche Stelle 24
Ein grünes Blatt 16
»Ein grünes Blatt« 73
Ein Leib und eine Seele 197
Ein Leichenstein 207
Ein Ständchen 78
Ein Sterbender 78
Eine Fremde 30

Eine Frühlingsnacht	47
Einer Braut am Polterabend	76
Einer Toten (1, 2)	29
Elisabeth	13
Engel-Ehe	42
Es gibt eine Sorte	83
Es ist ein Flüstern	91
Es kommt das Leid	205
Es liegen Wald und Heide	193
Februar (Im Walde wehn)	48
Februar (O wär im Februar)	187
Frage	118
Frauenhand	22
Frauen-Ritornelle	89
Freiheitsjubel	128
Freundchen, sage mir's doch auch	128
Friedlos bist du	203
Frühlingslied	158
Für einen Ungeliebten	127
Für meine Söhne	65
Gartenspuk	70
Gasel	185
Gedenkst du noch	68
Geh nicht hinein	92
Geh schlafen, Herz!	194
Gern schließ ich einmal meine Türen	195
Geschwisterblut	25
Gesegnete Mahlzeit	40
Gesteh's!	169
Glücklich, wem in erster Liebe	179
Gode Nacht	36
Goldriepel	155
Gräber an der Küste	58
Gräber in Schleswig	82
Größer werden die Menschen nicht	198

Halbe Arbeit	207
Hast du mein herbes Wort vergeben?	183
Heil dir, heil dir, hoher König!	180
Herbst (1–3)	51
Herbstnachmittag	170
Hinter den Tannen	52
Hörst du?	164
Hyazinthen	21
Ich bin mir meiner Seele	181
Ich hab auf deine Stirn gegossen	189
Ich hab ein töricht Herze	193
Ich kann dir nichts, dir gar nichts geben	162
Ich liebe dich	181
Ihr sind meine Lieder gewidmet	149
Im Garten	50
Im Golde, im Herzen	134
Im Herbste	35
Im Herbste 1850	57
Im Volkston (1,2)	15
Im Volkston (Ein schwarzbraunes Mädel)	206
Im Walde	13
Im Zeichen des Todes	60
Immensee	73
In böser Stunde	37
In Bulemanns Haus	101
In das Pilgerbuch des Pfarrers Peter Ohlhues	198
In das Stammbuch Ferdinand Röses	129
In der Fremde	150
In der Frühe	43
In die Heimat	133
In schwerer Krankheit	206
In seinem Garten wandelt er allein	153
In Sophie E.s Album	192
Ins liebe Städtlein unversehrt	175
Inschrift	205

Jasmin und Flieder blühen 185
Juni 186
Juli 49
Junge Liebe 117
Junges Leid 161

Käuzlein 107
Knecht Ruprecht 75
Komm, laß uns spielen 50
Kranzwinden 148
Kritik 33

Laß mich zu deinen Füßen liegen 186
Leb wohl! 159
Lehrsatz 31
Letzte Einkehr 119
Liebe 138
Lied des Harfenmädchens 14
Liegst wohl noch im Traum befangen 182
Liegt eine Zeit zurück 164
Lockenköpfchen 141
Lose 18
Lose Mädchen 138
Lucie 28
Lyrische Form 92

Mai (1, 2) 49
Mai (Die Kränze) 190
Märchen 101
März 48
Meeresstrand 12
Mein jüngstes Kind 77
Mein schönes Wunderland 135
Mein Talisman 144
Mit einer Handlaterne 120
Mondlicht 27
Morgane 54

Morgens 33
Morgenwanderung 156
Myrten 109
Mysterium 188

Nach frohen Stunden 152
Nach Reisegesprächen 56
Nachtgebet 199
Nachts (Schon Mitternacht) 151
Nachts (Sternenschimmer) 186
Nachts (Wie sanft die Nacht) 181
Nelken 109
Neuer Frühling 139
Noch einmal! 19
Notgedrungener Prolog 73
Nun sei mir heimlich zart und lieb 32
Nur eine Locke 147
Nur heute ist 202

O bleibe treu den Toten 36
O süßes Nichtstun 32
Oktoberlied 9
Ostern 55

Pech bei der Widerlegung eines Moralischen 162

Rechenstunde 118
Regine 16
Repos d'amour 157
Ritornelle 172
Ritter und Dame 166
Rote Rosen 188

Schlaflos 69
Schließe mir die Augen beide 33
Schlußlied 159
So lange 175

Sommermittag 11
Sonntagabend 163
Sprich, bist du stark 184
Spruch des Alters (1, 2) 89
Sprüche (1, 2) 81
Ständchen (Hörst du die Zither) 135
Ständchen (Weiße Mondesnebel) 110
Stoßseufzer 43
Stünd ich mit dir auf Bergeshöh' 176
Sturmnacht 44

Tannkönig 103
Tiefe Schatten (1–6) 85
Träumerei 136
Traumliebchen 168
Trost 68

Über die Heide 91
Und haben wir unser Herzoglein 196
Und war es auch ein großer Schmerz 38
Und wieder hat das Leben mich verwundet 177

Verirrt 88
Verloren 90
Vierzeilen (1–3) 113
Vierzeilen (Leb wohl, du süße kleine Fee) 165
Vision 126
Vom Staatskalender (1, 2) 39
Vom Staatskalender (Gestern war er) 191
Von Katzen 41
Vor Tag (1–4) 52

Waisenkind 88
Waldweg 46
Walpurgisnacht 143
Was fehlt dir, Mutter? 154
Was für mein kurzes Erdenleben 200

Was ist ein Kuß?	154
Was Liebe nur gefehlet	204
Weihnachtabend (Die fremde Stadt)	63
Weihnachtsabend (An die hellen Fenster)	115
Weihnachtslied	11
Weiße Rosen (1–3)	17
Weit gereist vom Nord zum Süden	160
Welt-Lauf	199
Wer je gelebt in Liebesarmen	32
Westermühlen	145
Wichtelmännchen	129
Widmung. An Erich Schmidt	205
Widmung. An Frau Do	205
Widmung. An Fritz Stuhr	195
Wie, noch immer	146
Wie wenn das Leben wär nichts andres	187
Wiederkommen bringt Freud	202
Wir können auch die Trompete blasen	84
Wir saßen vor der Sonne	173
Wo ward ein Traum zur Welt geboren	192
Wohl fühl ich, wie das Leben rinnt	20
Wohl rief ich sanft dich an mein Herz	23
Zu Mutters Geburtstag	203
Zum 5. Mai 1844	176
Zum 9. September	171
Zum Weihnachten	144
Zur Erziehung	194
Zur Nacht	34
Zur silbernen Hochzeit. Aus einem Festspiel	183
Zur silbernen Hochzeit. Aus einem Festzuge	111
Zur Taufe	53
Zwischenreich	38
1. Januar 1851	60
15. September 1857	194
1864	197

VERZEICHNIS DER GEDICHTANFÄNGE

A vous, comtesse!	207
Ach, die kleine Kaufmannstochter	39
All meine Lieder	155
Als der wackre Schulmeister	195
Als ich dich kaum gesehn	15
Am Felsenbruch im wilden Tann	103
Am Fenster lehn ich	199
Am Fenster sitzt er	78
Am grauen Strand	12
Am Kreuz hing sein gequält Gebeine	66
Am Kreuzweg weint	143
Am Weihnachtsonntag kam er zu mir	43
An die hellen Fenster	115
An diesen Blättern meiner Liebe	184
An frohverlebte Tage dacht ich wieder	149
An regentrüben Sommertagen	54
Andre Seen, andre Auen	150
Ans Haff nun fliegt die Möwe	12
Auf dem hohen Küstensande	179
Auf meinem Schoße sitzet nun	34
Auf weichem Moose ruhten meine Glieder	136
Auf Wiedersehen	150
Aus diesen Blättern steigt	73
Aus Träumen in Ängsten	69
Bald ist unsers Lebens Traum zu Ende	126
Bald schon liegt die Jugend weit	204
Bedenk es wohl	53
Begeisterung ist schön in jungen Tagen	191
Begrabe nur dein Liebstes!	90
Blühende Myrte	89
Blumenduft vom Nachbarfenster	151

Da hab ich den ganzen Tag dekretiert 44
Da sitzt der Kauz im Ulmenbaum 107
Daheim noch war es 70
Das Banner hoch! 177
Das ist der Herbst 160
Das ist die Drossel 49
Das macht, es hat die Nachtigall 14
Das Mädchen mit den hellen Augen 107
Das süße Lächeln starb dir im Gesicht 162
Das war noch im Vaterstädtchen 114
Das war zu Odysseus' Tagen 205
Dat is de Dod 207
Deine Lippen sind entzaubert 173
Den teuren Namen trägt dies Buch 190
Der eine fragt: Was kommt danach? 81
Der einst er seine junge 18
Der Glaube ist zum Ruhen gut 48
Der liebe Frühling kommt 139
Der Markt ist leer 162
Der Nebel steigt 9
Der Ochse frißt das feine Gras 44
Der Weg wie weit! 204
Die alte Lust ist neu erstanden 176
Die Drossel singt 153
Die Flöhe und die Läuse 127
Die fremde Sprache 196
Die fremde Stadt durchschritt ich 63
Die Heimat hier 145
Die Julisonne schien auf ihre Locken 151
Die jungen Rosen 200
Die Kinder schreien »Vivat hoch!« 49
Die Kränze, die du dir als Kind 190
Die letzte Nacht, bevor wir scheiden 188
Die Liebe 204
Die Schleppe will ich dir tragen 109
Die Sonne scheint 31
Die Sterne funkeln 126

Die Stunde schlug 19
Die Tage sind gezählt 93
Die Türe klang 191
Die verehrlichen Jungen 50
Die Welt ist voll von Sommerlüften 174
Die Zeit ist hin 23
Doch du bist fern 178
Doch sieh, in nahen und in fernen Zeiten 129
Du bissest die zarten Lippen wund 17
Du bist so ein kleines Mädchen 118
Du bist so jung 163
Du fragst: Warum? 205
Du gehst im Morgen-, ich im Abendlicht 205
Du glaubtest nicht an frohe Tage mehr 29
Du Heißersehnte 185
Du neuer Abu Seid 174
Du schläfst 24
Du und dein Sohn 203
Du weißt doch, was ein Kuß bekennt? 113
Du weißt es, wie mein ganzes Herz 185
Du willst es nicht in Worten sagen 21
Durch die Lind' ins Kammerfenster 166
Durch einen Nachbarsgarten 46

Eilende Winde 128
Ein Blatt aus sommerlichen Tagen 16
Ein Grab schon weiset manche Stelle 24
Ein gut Stück gingen wir zusammen 198
Ein Leib und eine Seele, die wir waren 197
Ein Mädchen liebt ich 134
Ein Punkt nur ist es 84
Ein Raunen erst 197
Ein schwaches Stäbchen ist die Liebe 37
Ein schwarzbraunes Mädel 206
Ein Vöglein singt so süße 88
Eine andre Blume hatt ich gesucht 202
Er reibt sich die Hände 83

Es gibt eine Sorte 83
Es heißt wohl: Vierzig Jahr ein Mann! 69
Es ist der Wind 206
Es ist ein Flüstern 91
Es ist so still 10
Es ist wohl wahr 78
Es klippt auf den Gassen 101
Es kommt das Leid 205
Es liegen Wald und Heide 193
Es rauscht, die gelben Blätter fliegen 35
Es schwelgt der Sohn 139
Es schwimmt auf hohen Wogen 135
Es sei die Form ein Goldgefäß 92
Es war daheim auf unserm Meeresdeich 55

Fern hallt Musik 21
Fragt mich einer: Was ist das für 'n Mann? 171
Freundchen, sage mir's doch auch 128
Friedlos bist du 203

Gedenkst du noch? 68
Geh schlafen, Herz! Sie kommt nicht mehr 194
Gern schließ ich einmal meine Türen 195
Gesteh's, es lebt schon einer 169
Gestern war er noch ein Lump 191
Glücklich, wem in erster Liebe 179
Goldne Töne im Herzen 138
Goldstrahlen schießen übers Dach 43
Größer werden die Menschen nicht 198

Hab ich ein Leides dir getan 194
Halbschläfrig sitz ich im Lehnstuhl 170
Hast du mein herbes Wort vergeben? 183
Hehle nimmer mit der Wahrheit! 65
Heil dir, heil dir, hoher König! 180
Heute, nur heute 14
Hier an der Bergeshalde 13

Hier mach ich euch mein Kompliment! 73
Hier stand auch einer Frauen Wiege 66
Hin gen Norden zieht die Möwe 132
Historie dozieret er morgen 163
Hör mir nicht auf solch Geschwätze 33
Horch, wie heulet der Sturm 144
Höre auf, dich zu betrüben 127
Hörst du die Zither klingen 135
Hu, wie mich friert! 140
Hüte, hüte den Fuß und die Hände 50

Ich betete: Du hast sie, Herr 181
Ich bin eine Rose 88
Ich bin mir meiner Seele 181
Ich bringe dir ein leeres weißes Buch 76
Ich hab auf deine Stirn gegossen 189
Ich hab die Rose blühen sehn 152
Ich hab ein töricht Herze 193
Ich hab es mir zum Trost ersonnen 59
Ich habe deine Hand gefaßt 203
Ich hab's gesehn 101
Ich kann dir nichts, dir gar nichts geben 162
Ich liebe dich 181
Ich seh sie noch 28
Ich träumte vergangene Zeiten 133
Ich wand ein Sträußlein 109
Ich wanderte schon lange 77
Ich weiß es wohl 22
Ihr Aug ist blau 117
Ihr sagt, es sei ein Kämmerer 40
Im alten heiligen Lübeck 130
Im ersten Frühschein leuchtet 156
Im Flügel oben hinterm Korridor 92
Im Hinterhaus, im Fliesensaal 44
Im Nebenzimmer saßen du und ich 118
Im Sessel du 22
Im Winde wehn die Lindenzweige 48

Im Zimmer drinnen	47
In buntem Zug zum Walde	69
In der Gruft bei den alten Särgen	85
In die Heimat	133
In frischer Laube ruht ein blühend Weib	154
In lindem Schlaf schon	78
In seinem Garten wandelt er allein	153
Ins liebe Städtlein unversehrt	175
Jasmin und Flieder blühen	185
Kein Wort, auch nicht das kleinste	64
Klingt im Wind ein Wiegenlied	49
Komm zu mir, mein Lockenköpfchen	141
Lang und breit war ich gesessen	94
Längst in das sichere Land der Vergangenheit	201
Laß mich zu deinen Füßen liegen	186
Laß ruhn die Hände!	157
Laßt uns die Eiche der Freiheit erklimmen	128
Laterne, Laterne!	120
Leb wohl, Leb wohl!	159
Leb wohl, du süße kleine Fee!	165
Leibeigenschaft war nur der Rumpf	207
Leichtherzig ist die Sommerzeit	186
Lieblich senkt die Sonne sich	125
Liegst wohl noch im Traum befangen	182
Liegt eine Zeit zurück	164
Mädchen, in die Kinderschuhe	144
Maienglocken	172
Mehr in der Töne Schwellen	171
Mein Lieb hat diesen Winter	138
Mein süßes Kind	148
Meine ausgelaßne Kleine	38
Meine Gläubiger, nun die haben	162
Meine Mutter hat's gewollt	13

Min Oogen will ick sluten 199
Mit Kränzen haben wir das Grab geschmückt 58
Musik ist alles 183

Nachts auf des Traumes Wogen 168
Nicht Kranz noch Kreuz 82
Nimm nun, Pflaum' oder Pfirsich! 194
Noch einmal fällt in meinen Schoß 19
Noch wandert er 119
Noch war die Jugend mein 60
Nun gib ein Morgenküßchen! 33
Nun ist es still um Hof und Scheuer 11
Nun ist geworden, was du wolltest 197
Nun schließ auch du die Augen zu 206
Nun sei mir heimlich zart und lieb 32
Nur eine Locke 147
Nur heute ist 202

O bleibe treu den Toten 36
O laß mich nur von ferne stehn 113
O süßes Nichtstun 32
O wär im Februar doch auch 187
Över de stillen Straten 36

Schlafe du! 164
Schließe mir die Augen beide 33
Schon ins Land der Pyramiden 51
Schon Mitternacht! 151
Sie brach ein Reis 109
Sie haben wundervoll diniert 40
Sie halten Siegesfest 60
Sie kommen aus dem Schoß der Nacht 77
Sie saß in unserm Mädchenkreise 30
Sie saßen sich gegenüber bang 25
Sie soll nun in den Himmel gehn 199
Sieh, wie vor den alten Kanzlern 163
So komme, was da kommen mag! 68

So lange hab das Knösplein ich 175
So löst du denn 175
Soll gar nicht recht geheuer sein 129
Sonnenschein auf grünem Rasen 52
Sprich, bist du stark 184
Sprich, wer bist du 143
Sprich, wes Larve erschien 148
Sternenschimmer, Schlummerleuchten 186
Stünd ich mit dir auf Bergeshöh' 176

Tu auf, tu auf die Äugelein! 176

Über die Heide 91
Und als das Kind geboren ward 158
Und aus der Erde schauet nur 48
Und bin ich auch ein rechter Lump 81
Und bist du nur erst mein Bräutchen 138
Und blieb dein Aug 161
Und haben wir unser Herzoglein 196
Und plaudernd hing sie mir am Arm 31
Und schauen auch von Turm und Tore 57
Und war es auch ein großer Schmerz 38
Und webte auch auf jenen Matten 16
Und wieder hat das Leben mich verwundet 177

Vergangnen Maitag brachte meine Katze 41
Vergessen und Vergessenwerden! 89
Verlassen trauert nun der Garten 73
Vom Himmel in die tiefsten Klüfte 11
Von drauß' vom Walde komm ich her 75
Von oben sieht der Herr darein 106
Vorbei der Tag! 34
Vorwärts lieber laß uns schreiten 56

Wär ich ein junges Mägdelein 192
Warum duften die Levkojen 20
Warum ich traure 159

Was für mein kurzes Erdenleben 200
Was Holdes liegt mir in dem Sinn 90
Was ist ein Kuß? 154
Was Liebe nur gefehlet 204
Was scheust du, mein Gaul! 155
Was zu glücklich, um zu leben 120
Weiße Mondesnebel schwimmen 110
Weit gereist vom Nord zum Süden 160
Wenn einsam du im Kämmerlein 118
Wenn't Abend ward 91
Wer arme Brüder gern erquickt 195
Wer der Gewalt gegenüber steht 199
Wer je gelebt in Liebesarmen 32
Wie bald des Sommers holdes Fest verging! 50
Wie Flederwisch und Bürste sie regiert! 42
Wie in stille Kammer 147
Wie liegt im Mondenlichte 27
Wie, noch immer 146
Wie sanft die Nacht 181
Wie wenn das Leben wär nichts andres 187
Wieder einmal ausgeflogen 108
Wieder führ ich heut den Zug 111
Wiederkommen bringt Freud 202
Willst mich meiden 125
Wir haben nicht das Glück genossen 188
Wir harren nicht mehr ahnungsvoll 52
Wir können auch die Trompete blasen 84
Wir saßen vor der Sonne 173
Wo ward ein Traum zur Welt geboren 192
Wohl fühl ich, wie das Leben rinnt................. 20
Wohl rief ich sanft dich an mein Herz 23

Zu den Füßen seiner Dame 166
Zusammen Bub und Mädchen 148

ZEITTAFEL

1817 Am 14. September wird Hans Theodor Woldsen Storm in Husum, Am Markt 9, als erstes Kind des Advokaten Johann Kasimir Storm und seiner Frau Lucie, geb. Woldsen, geboren. Der Vater stammt aus Westermühlen bei Rendsburg, wo die Familie Storm seit Generationen als Erbpachtmüller lebte. 1815 hatte sich der Vater Theodor Storms nach Studien in Heidelberg und Kiel als Advokat in Husum niedergelassen und 1816 die jüngste Tochter des Senators Simon Woldsen geheiratet.

1821 Nach dem Tod Simon Woldsens zieht die Familie Storm in das Haus der Großeltern Woldsen, Hohle Gasse 3. Im Herbst des Jahres Beginn der Grundschule.

1826 Besuch der Gelehrtenschule in Husum (bis 1835).

1835 Eintritt in das Katharineum in Lübeck.

1837 Immatrikulation an der Juristischen Fakultät der Universität Kiel. Freundschaft mit Theodor und Tycho Mommsen und mit Ferdinand Röse (*Liederbuch dreier Freunde*). Erste Liebe zu Bertha von Buchan (»Vielleicht wäre ich daran zugrunde gegangen, wenn dies Gefühl mir nicht zum Objekt geworden, das ich künstlerisch zu gestalten suchte«; Gedichte auf Bertha von Buchan und das Märchen *Hans Bär*.

1840 Erste Gedichtveröffentlichung im ›Album der Boudoirs‹ der Zeitschrift ›Europa‹. Beginn der Sammlung schleswig-holsteinischer Sagen, Märchen und Lieder.

1842 Juristisches Examen. Bertha von Buchan weist Storms Heiratsantrag zurück. Rückkehr nach Husum.

1843 Eröffnung der Anwaltspraxis in Husum.

1844 Verlobung mit Constanze Esmarch (geboren 1825). Gedichte an Constanze.

1846 Heirat mit Constanze am 15. September in Segeberg.

1847 Liebe zu Dorothea Jensen (geboren 1828), (die ›erschütterndste Leidenschaft‹ seines Lebens; Dorothea verläßt 1848 Husum).

1847	Erste Prosaveröffentlichung *Marthe und ihre Uhr*.
1848	Geburt des ersten Sohnes Hans. Niederschrift des *Oktoberliedes*. Mitarbeit an der Schleswig-holsteinischen Zeitung.
1849	Unterzeichnung einer Protestresolution von 150 Bürgern Husums an den dänischen Landeskommissar Tillich gegen die Maßnahmen der Landesverwaltung. *Immensee*.
1850	Beginn des Briefwechsels mit Eduard Mörike.
1851	Geburt des Sohnes Ernst. Storm verweigert eine Loyalitätserklärung, die die dänische Justizbehörde verlangt, und bekennt sich damit öffentlich zur schleswig-holsteinischen Volksbewegung.
1852	Storm kann auf Druck der dänischen Regierung seine Advokatur nicht weiter ausüben. Bewerbungen um eine Bürgermeisterstelle in Buxtehude und um eine Anstellung als Richter in Gotha bleiben ergebnislos. Erste Ausgabe der *Gedichte*.
1853	Ernennung zum preußischen Assessor in Berlin. Geburt des Sohnes Karl. Umzug nach Potsdam, Brandenburger Straße 70. Franz Kugler führt Storm in Berlin in den ›Tunnel über der Spree‹ ein, erstes Zusammentreffen mit Theodor Fontane.
1854	Bekanntschaft mit Joseph von Eichendorff. Beginn des Briefwechsels mit Paul Heyse. Mitglied des literarischen Clubs ›Rütli‹.
1855	Geburt der Tochter Lisbeth.
1856	Kreisrichter in Heiligenstadt. Umzug im September. Beginn des Briefwechsels mit Ludwig Pietsch.
1858	*Am Kamin*.
1860	Geburt der Tochter Lucie.
1862	*Auf der Universität*.
1863	Geburt der Tochter Elsabe.
1864	Storm wird von der Ständeversammlung in Husum zum Landvogt gewählt. Er reicht seine Entlassung aus preußischen Diensten ein und kehrt am 15. März nach Husum zurück. Wohnung in der Süderstraße 12. Im April ›Sturm auf die Düppeler Schanzen‹; ›Wiener Friedensvertrag‹ am

30. Oktober; Besetzung Schleswig-Holsteins durch Österreich und Preußen. *Bulemanns Haus*; *Die Regentrude*.

1865 Geburt der Tochter Gertrud; Constanze stirbt am 20. Mai an den Folgen der Geburt. Reise nach Baden-Baden; Zusammentreffen mit Ivan Turgenjew.

1866 Heirat mit Dorothea Jensen am 13. Juni. Umzug in das Haus Wasserreihe 31.

1867 Amtsrichter in Husum. *In St. Jürgen*.

1868 Geburt der Tochter Friederike. Im Westermann Verlag, Braunschweig, erscheinen die ›Sämtlichen Schriften‹.

1873 *Viola Tricolor*.

1874 *Pole Poppenspäler*; *Waldwinkel*. Ernennung zum Oberamtsrichter. Tod des Vaters Johann Kasimir Storm.

1876 *Aquis submersus*.

1877 Beginn des Briefwechsels mit Gottfried Keller. Freundschaft mit Erich Schmidt. *Carsten Curator*.

1879 *Die Söhne des Senators*.

1880 Pensionierung, Umzug nach Hademarschen.

1882 *Hans und Heinz Kirch*.

1884 Reise nach Berlin, Zusammentreffen mit Theodor Fontane und Theodor Mommsen.

1885 *Ein Fest auf Haderslevhuus*.

1886 Reise nach Weimar, in Braunschweig Zusammentreffen mit Wilhelm Raabe. Im Oktober schwere Erkrankung. Der Sohn Hans stirbt im Dezember. *Ein Doppelgänger*.

1888 Am 9. Februar ist *Der Schimmelreiter* beendet. Theodor Storm stirbt am 4. Juli in Hademarschen.

INHALT

Gedichte	7
Erster Teil	7
Erstes Buch	9
Zweites Buch	106
Zweiter Teil	123
Verzeichnis der Gedichtüberschriften	209
Verzeichnis der Gedichtanfänge	218
Zeittafel	227
Inhalt der Gesammelten Werke in sechs Bänden	232

INHALT

der Gesammelten Werke
in sechs Bänden

Band 1: *Gedichte* (insel taschenbuch 731)

Gedichte	7
Erster Teil	7
Erstes Buch	9
Zweites Buch	106
Zweiter Teil	123
Verzeichnis der Gedichtüberschriften	209
Verzeichnis der Gedichtanfänge	218
Zeittafel	227

Band 2: *Immensee* (insel taschenbuch 732)

Immensee	9
Am Kamin	41
Auf der Universität	67
Die Regentrude	129
Bulemanns Haus	159
Die Novellen nach den Entstehungsdaten	181
Zeittafel	183

Band 3: *Pole Poppenspäler* (insel taschenbuch 733)

In St. Jürgen	7
Viola tricolor	45
Pole Poppenspäler	75
Waldwinkel	127
Die Novellen nach den Entstehungsdaten	182
Zeittafel	184

Band 4: *Carsten Curator* (insel taschenbuch 734)

Aquis submersus	9
Carsten Curator	83
Die Söhne des Senators	147
Die Novellen nach den Entstehungsdaten	188
Zeittafel	194

Band 5: *Hans und Heinz Kirch* (insel taschenbuch 735)

Hans und Heinz Kirch	7
Ein Fest auf Haderslevhuus	73
Ein Doppelgänger	137
Die Novellen nach den Entstehungsdaten	195
Zeittafel	197

Band 6: *Der Schimmelreiter* (insel taschenbuch 736)

Der Schimmelreiter	7
Die Novellen nach den Entstehungsdaten	122
Zeittafel	124
Nachwort	127

Klassische deutsche Literatur
im insel taschenbuch
Eine Auswahl

Der Kanon. Die deutsche Literatur. Herausgegeben von
Marcel Reich-Ranicki.
- Erzählungen. 10 Bände und ein Begleitband im Schuber.
  5700 Seiten
- Romane. 20 Bände im Schuber. 8112 Seiten
- Dramen. 8 Bände und ein Begleitband im Schuber.
  4500 Seiten

Georg Büchner. Sämtliche Werke. Die kommentierte Aus-
gabe des Deutschen Klassiker Verlages. Zwei Bände in Kas-
sette im insel taschenbuch. Herausgegeben von Henri Posch-
mann unter Mitarbeit von Rosemarie Poschmann. 2320 Seiten

Wilhelm Busch. Gedichte. Ausgewählt von Theo Schlee. Mit
Illustrationen von Wilhelm Busch. it 2531. 195 Seiten

Annette von Droste-Hülshoff
- Der Distel mystische Rose. Gedichte und Prosa. Ausge-
  wählt von Werner Fritsch. it 2193. 170 Seiten
- Die Judenbuche. Ein Sittengemälde aus dem gebirgichten
  Westfalen. Mit Illustrationen von Max Unold.
  it 399. 128 Seiten. it 3096. 108 Seiten
- Liebesgedichte. Ausgewählt von Werner Fritsch.
  it 2876. 136 Seiten
- Sämtliche Erzählungen. Herausgegeben von Manfred
  Häckel. it 1521. 234 Seiten
- Sämtliche Gedichte. Nachwort von Ricarda Huch.
  it 1092. 750 Seiten

Marie von Ebner-Eschenbach. Dorf- und Schloßgeschichten. Ausgewählt und mit einem Nachwort versehen von Joseph Peter Strelka. it 1272. 390 Seiten

Joseph Freiherr von Eichendorff
- Aus dem Leben eines Taugenichts. Mit Illustrationen von Adolf Schrödter und einem Nachwort von Ansgar Hillach. it 202. 154 Seiten
- Gedichte. Mit Zeichnungen von Otto Ubbelohde. Herausgegeben von Traude Dienel. it 255. 163 Seiten
- Gedichte. In chronologischer Folge herausgegeben von Hartwig Schultz. it 1060. 268 Seiten
- Liebesgedichte. Herausgegeben von Wilfried Lutz. it 2591. 219 Seiten
- Novellen und Gedichte. Ausgewählt und eingeleitet von Hermann Hesse. it 360. 325 Seiten
- Sämtliche Gedichte und Versepen. Herausgegeben von Hartwig Schultz. it 3158. 752 Seiten

Theodor Fontane
- Briefe an Georg Friedlaender. Herausgegeben und mit einem Nachwort von Walter Hettche. Mit einem Essay von Thomas Mann. it 1565. 486 Seiten
- Effi Briest. Mit 21 Lithographien von Max Liebermann. it 138 und it 2811. 354 Seiten
- Ein Leben in Briefen. Ausgewählt und herausgegeben von Otto Drude. it 540. 518 Seiten
- Ein Sommer in London. Mit einem Nachwort von Harald Raykowski. it 1723. 252 Seiten
- Fontane für Gestreßte. Ausgewählt von Otto Drude. it 3030. 106 Seiten
- Frau Jenny Treibel oder »Wo sich Herz zum Herzen findt«. Roman. Mit einem Nachwort von Richard Brinkmann. it 746 und it 2952. 269 Seiten

- Gedichte. Ausgewählt und mit einem Nachwort von
  Rüdiger Görner. it 2221. 200 Seiten
- Die Gedichte. Herausgegeben von Otto Drude.
  it 2684. 751 Seiten
- Grete Minde. Nach einer altmärkischen Chronik. Mit
  einem Nachwort von Peter Demetz. it 1157. 154 Seiten
- Meine Kinderjahre. Autobiographischer Roman. Mit einem
  Nachwort von Otto Drude. Mit Illustrationen und Abbil-
  dungen. it 705. 276 Seiten
- Der Stechlin. Mit einem Nachwort von Walter Müller-
  Seidel. it 152. 504 Seiten
- Unterm Birnbaum. Erzählung. Mit einem Nachwort von
  Otto Drude. Großdruck. it 2428. 192 Seiten

Georg Forster. Reise um die Welt. Herausgegeben und mit
einem Nachwort von Gerhard Steiner. it 757. 1039 Seiten

Johann Wolfgang Goethe
- Elegie von Marienbad. it 1250. 128 Seiten
- Erotische Gedichte. Gedichte, Skizzen und Fragmente.
  Herausgegeben von Andreas Ammer. it 1225. 246 Seiten
- Faust. Text und Kommentar. Herausgegeben von Albrecht
  Schöne. Zwei Bände in Kassette. it 3000. 1976 Seiten
- Gedichte. Sämtliche Gedichte in zeitlicher Folge. Heraus-
  gegeben von Heinz Nicolai. it 2281. 1264 Seiten
- Gedichte in zeitlicher Folge. Herausgegeben von Heinz
  Nicolai. it 1400. 1249 Seiten
- Gedichte in Handschriften. Fünfzig Gedichte Goethes.
  Ausgewählt und erläutert von Karl Eibl. it 2175. 288 Seiten
- Goethe für Gestreßte. Ausgewählt von Walter Hinck.
  it 1900. 132 Seiten
- Goethe, unser Zeitgenosse. Über Fremdes und Eigenes.
  Herausgegeben von Siegfried Unseld. it 1425. 154 Seiten

- Italienische Reise. Mit Zeichnungen des Autors. Herausgegeben und mit einem Nachwort von Christoph Michel. it 175. 808 Seiten
- Das Leben, es ist gut. Hundert Gedichte. Ausgewählt von Siegfried Unseld. it 2000. 204 Seiten
- Die Leiden des jungen Werther. it 2775. 170 Seiten
- Liebesgedichte. Ausgwählt von Karl Eibl. it 2825. 128 Seiten
- Märchen. Der neue Paris. Die neue Melusine. Das Märchen. Herausgegeben von Katharina Mommsen. it 2287. 232 Seiten
- Maximen und Reflexionen. Text der Ausgabe von 1907 mit der Einleitung Max Heckers. Nachwort Isabella Kuhn. it 200. 370 Seiten
- Novelle. Herausgegeben von Peter Höfle. it 2625. 80 Seiten
- Novellen. Herausgegeben und mit einem Nachwort von Katharina Mommsen. Mit Zeichnungen von Max Liebermann. it 425. 293 Seiten
- Ob ich dich liebe weiß ich nicht. Liebesgedichte. Herausgegeben von Karl Eibl. Großdruck. it 2396. 175 Seiten
- Tagebuch der Italienischen Reise 1786. Notizen und Briefe aus Italien. Mit Skizzen und Zeichnungen des Autors. Herausgegeben und erläutert von Christoph Michel. it 176. 402 Seiten
- Verweile doch. 111 Gedichte mit Interpretation. Herausgegeben von Marcel Reich-Ranicki. it 1775. 512 Seiten
- Die Wahlverwandtschaften. Ein Roman. it 1. 333 Seiten. it 2950. 314 Seiten
- West-östlicher Divan. Mit Essays zum »Divan« von Hugo von Hofmannsthal, Oskar Loerke und Karl Krolow. Herausgegeben von Hans-J. Weitz. it 75. 400 Seiten

Wilhelm Hauff
- Die Geschichte von dem kleinen Muck. Mit Illustrationen von Fritz Fischer und einem Nachwort von Ludwig Harig. it 2867. 94 Seiten

- Märchen. Herausgegeben von Bernhard Zeller. Mit Illustrationen von Theodor Weber, Theodor Hosemann und Ludwig Burger. it 216. 480 Seiten
- Das Wirtshaus im Spessart. Eine Erzählung. it 2584. 202 Seiten

Heinrich Heine
- Buch der Lieder. Mit zeitgenössischen Illustrationen und einem Nachwort von E. Galley. it 33. 322 Seiten
- Deutschland. Ein Wintermärchen. Mit einem Nachwort von Thomas Rosenlöcher. it 3153. 136 Seiten
- Heine für Gestreßte. Ausgewählt von Joseph Anton Kruse. it 3155. 112 Seiten
- Liebesgedichte. Ausgewählt von Thomas Brasch. it 2822. 96 Seiten
- Mein Leben. Autobiographische Texte. Ausgewählt von Joseph Anton Kruse. Mit zahlreichen Abbildungen. it 3154. 208 Seiten
- Der Rabbi von Bacherach. Ein Fragment. Mit einem Nachwort von Joseph A. Kruse. Großdruck. it 2426. 120 Seiten
- Sämtliche Gedichte in zeitlicher Folge. Herausgegeben von Klaus Briegleb. it 1963. 917 Seiten
- Späte Gedichte und Lyrik aus dem Nachlaß. Herausgegeben von Joseph A. Kruse und Marianne Tilch. it 3036. 320 Seiten

Johann Gottfried Herder. Lieder der Liebe. it 2643. 120 Seiten

E. T. A. Hoffmann
- Die Abenteuer der Silvester-Nacht. Mit farbigen Illustrationen von Monika Wurmdobler. it 798. 81 Seiten
- Die Elixiere des Teufels. Mit Illustrationen von Hugo Steiner-Prag. it 304. 349 Seiten
- Das Fräulein von Scuderi. Erzählung aus dem Zeitalter Ludwigs des Vierzehnten. Mit Illustraionen von Lutz Siebert. it 410. 127 Seiten